Wolfgang Scheuren/Kaufsignale

Wolfgang Scheuren

Die optische Sprache am Verkaufspunkt

KAUF-SIGNALE

Verlag Karl Thiemig München

ISBN 3-521-04097-6

Umschlagentwurf: Rolf Erber.
Titelzeichnung: Doornkaat / Dr. Lorenz
und Bogo Wirtschaftswerbung.
Gesamtherstellung: Karl Thiemig,
Graphische Kunstanstalt und Buchdruckerei AG, München.
Printed in Germany.

Verkaufsförderung heißt das Zauberwort, mit dem entzauberte Absatzexperten angesichts gesättigter Märkte und kritischer Verbraucher das Unmögliche möglich machen wollen: kontinuierlich mit Gewinn verkaufen (und somit für Produktionsauslastung sorgen).
Doch Verkaufen und Verkaufsförderung verlangen eine Umstellung der Strategie auf sorgfältige Ausspähung des Verkaufspunktes (PoS = Point of Sale) nach kommunikativen Fixpunkten. Denn trotz Selbstbedienung hört das Gespräch zwischen Anbieter und Nachfrager über das jeweilige Produkt nicht auf.
Dieses Buch will typische Kaufsignale des Selbstbedienungs-Zeitalters (schwerpunktartig am Beispiel des Lebensmittelhandels) nach ihrer Bedeutung für die Verkaufspraxis entschlüsseln helfen. Optische Botschaften entscheiden heute über Erfolg und Mißerfolg einer Ware, richtiger Werbemitteleinsatz und geschickte Plazierung über die Umschlagshäufigkeit. Wer Hintergründe schätzt und den Bezug zum Verkaufsalltag sucht, kommt mit diesem Ratgeber leichter ans Erfolgsziel.

Inhaltsübersicht

»Ist dir an einer Kundin was gelegen, so mache sie gesellig, sage, daß sie schönleibig sey und du Wohlgefallen an ihr findest, sie wird geblendet sain und kannst auf vorteilhaften Verkauff sicher sain, auch wenn die Weiber häßlich und narbig saint, thue ihnen schön, es bringt Nutz.«
16. Jahrhundert

Einführung

Mit Evas Apfel fing alles an . . .

Verkaufen — das Auswiegen von Angebot und Nachfrage — ist so alt wie die menschliche Lust der Wünsche. Adam und Eva führten das erste aller »Verkaufsgespräche«, um anschließend allerdings »verkauft« zu sein: Denn die von der teuflischen Schlange eingeflöteten Verheißungen führten zum Biß in den Apfel der Erkenntnis (und endeten mit der Ausweisung aus dem Paradiese).

Für die Nachkommen der begehrlichen zwei, die nunmehr im industriellen Konsumzeitalter ihr täglich Brot verdienen müssen, bedeutet das Kaufen schöner Dinge immer noch den Versuch, ein Stück von jenem versunkenen Garten Eden zurückzugewinnen. Der Kauf in paradiesischer Vielfalt ist sogar für den »Vater der Motivforschung«, Dr. Ernest Dichter, die Chance, »schöpferisch zu sein«, also ein Überbleibsel aus vorsintflutlicher Zeit. Dichter deutlich: »Jedesmal, wenn wir einkaufen gehen, tun wir es in Wirklichkeit, um es uns zu beweisen, daß wir die Macht haben, unsere geheimsten Wünsche durch die Wahl einer bestimmten Warenart zum Ausdruck zu bringen.« Daher der Ratschlag des Motivforschers, in den unterschiedlichen Angebotsmöglichkeiten »dem Gefühl des Käufers Raum zu lassen, er habe trotz allem durch eigene Klugheit, Phantasie und schöpferische Fähigkeit die Wahl frei entschieden«(1)*.

Wie man zu Blitzableitern kommt . . .

Über die agilen Verkäufer, die es verstehen, dem Käufer diesen gewünschten Spielraum der persönlichen Entscheidung zu vermitteln, ist schon viel gewitzelt worden. Eine besonders boshafte Liebeser-

* Die in Klammern stehenden Ziffern weisen auf die Quellenangaben am Schluß des Buches hin.

klärung an die Kunst des Verkaufens stammt von Mark Twain: Bei einem zähflüssigen Essay-Versuch über die »Volkswirtschaftslehre« wird der amerikanische Humorist von der US-Idealfigur überrumpelt, vom findigen Verkäufer, der an der Haustür bedauert, »daß er mich stören müsse, aber er habe im Vorbeigehen bemerkt, daß ich Blitzableiter brauche«.

Twains Blitzableiter-Groteske ist gleichzeitig eine charmante Abrechnung mit jenem sportlichen Ehrgeiz zur Aufdringlichkeit, ohne die im Käufermarkt der Massenproduktion kein Geschäft mehr machbar ist, mit der professionellen, unverblümten Verkaufsansprache. Twain: »Er stand in der nachdenklichen Haltung des Kolosses von Rhodos — mit einem Fuß auf meiner knospenden Tuberose, dem anderen auf den Stiefmütterchen, Hände an den Hüften, Hutkrempe ins Gesicht gezogen, ein Auge geschlossen, das andere kritisch und anerkennend zu meinem größten Schornstein aufblickend. Er sagte, *hier* biete sich nun ein Anblick, der einen Menschen froh mache, am Leben zu sein, und fügte hinzu: ›*Sie* sollen entscheiden, ob Sie jemals etwas so berauschend Malerisches gesehen haben wie acht Blitzableiter auf einem Schornstein?‹ Ich erwiderte, ich könne mir im Augenblick nichts vorstellen, das diesem Anblick gleichkomme.«

Das bittere Fazit des von Blitzableiter-Verkäufern heimgesuchten und später von Donner und Blitz getroffenen Mark Twain:

»Öffentliche Bekanntmachung. Interessenten, die für dreitausendzweihundertelf Fuß vernickelten, spiralgewundenen Blitzableiterdraht bester Qualität und sechzehnhunderteinunddreißig versilberte Spitzen Verwendung haben (alle in recht gutem Zustand und trotz beträchtlicher Abnutzung noch für jeden Notfall tauglich), mögen sich zwecks preiswerten Erwerbs an die Redaktion wenden«(2).

Da war zunächst das Gespräch

War nun Mark Twain, wegen des Massenkonsums von Blitzableitern und der gewittrigen Folgen wieder zur eigenhändigen Demontage derselben auf die Spitze seines Hauses getrieben, ein armes Opfer der verkäuferischen Verführung? Oder blieb er trotz eloquenter Überrumpelung noch immer der souveräne Entscheider beim »Kauf«?

Man könnte jetzt episch breit Kommunikationspsychologie betreiben. Beispielsweise spekulieren, ob es dem Blitzableiter-Verkäufer gelang, ein latentes Bedürfnis bei Mark Twain wachzureden, oder ob er ihn gar in einer schwachen Stunde erwischte. Schließlich kämpfte er verzweifelt mit seinem Essay (und war unfreiwillig zur praktischen Anschauung seiner »Volkswirtschaftslehre« gezwungen).

Oder spielte der Verkäufer seinen Part so überzeugend, daß der behinderte Schrift-

steller keinen Widerspruch wagte (aus Skrupel vor dem netten Anbieter)?
Die Antwort darauf:
Erst die Kommunikation über ein Produkt oder eine Dienstleistung bringt Angebot und Nachfrage in Einklang und löst damit den Verkaufsvorgang aus.
Selbst das angebrochene Zeitalter des Markenartikels und der Selbstbedienung (SB) ändert an dieser Grunderkenntnis nichts. Lediglich die Transportmöglichkeiten der Produktkommunikation wurden breiter gefächert.
Hersteller und Verwender stehen sich nicht mehr Augapfel in Augapfel gegenüber, ja selbst die zwischengeschaltete Mittlerrolle des Händlers wird von »stummen« Verkaufshelfern übernommen, von SB-Regalen und -Truhen, von Schütten, Stapelplazierungen oder Wühltischen. Das Gespräch am Verkaufspunkt reduziert sich auf wenige Worte, auf Zahlen, Farben und Symbole. Die persönliche Werbung erscheint nunmehr handgeschrieben oder gedruckt.
Zunehmende Rationalisierung beim Handel einerseits und ein breiterer Wissensstand beim Verbraucher durch die Markenartikelpolitik der Hersteller andererseits fördern in zunehmendem Maße die optische Sprache des Verkaufs.

Revolution Selbstbedienung

Wer diese Sprache benutzen will, sollte die Hintergründe und die gewachsenen Voraussetzungen dieser besonderen Produktkommunikation kennen, die gerade in jüngster Zeit mehr und mehr an Bedeutung gewinnt: als Verkaufsauslöser im Rahmen des Marketing-Mix.
Seit Jahrtausenden endete der Distributionsweg einer Ware mit der persönlichen Übergabe durch den Verkäufer an den Käufer. Die revolutionäre Entwicklung der Selbstbedienung bescherte neue Kaufformen- und -gewohnheiten sowie neue Betriebsformen im Handel. Beispiel: die großen Einkaufsmärkte am Rande der Städte — auf »der grünen Wiese«.
Je betonter der Selbstbedienungs-Charakter eines Geschäftes, desto wichtiger die optische Verkaufsansprache.
Der Gedanke der Selbstbedienung wurde seit dem Auftauchen dieser neuen Vertriebsform Anfang der 50er Jahre besonders konsequent im Lebensmitteleinzelhandel und in den Waren- bzw. Kleinpreishäusern der Innenstädte verwirklicht, blieb allerdings nicht nur auf den Nahrungsmittelsektor beschränkt, wie die Entstehung von Abholmärkten in den Bereichen Gartenpflege oder Baumaterialien belegt. Auch auf der Großhandelsstufe zog mit den neuen C+C-Märkten (»Cash and carry« — »Bar zahlen und die Ware gleich mitnehmen«) die umwälzende Idee aus den Vereinigten Staaten ein: »Shop as you please, pay as you leave« (»Kaufen Sie ungestört, bezahlen Sie erst am Ausgang« — und nicht etwa, wie

Trotz der Vertreibung aus dem Paradies spielt Eva im Verkauf immer noch eine verheißungsvolle Schlüsselrolle. Sie gehört zum bewährten, tiefenpsychologisch aufschlußreichen Repertoire einer Produkt-Neueinführung: Unterschwelliger Sex-Appeal überwindet Abwehrhaltungen beim Konsumenten. Das Motiv des Verbrauchers, seine Zurückhaltung aufzugeben: Er stellt die eigene schöpferische Fähigkeit zur freien Wahl unter Beweis.

Kostproben an Sonderständen im Laden: Hier ist persönliche Einflußnahme auf den Verkaufserfolg noch möglich.

Ganz auf persönlichen Kontakt kann der Handel — wie hier in Amerika — trotz konsequenter Selbstbedienung nicht verzichten.

in den Warenhäusern üblich, an jedem Stand.
Gleichzeitig sollte die Aufforderung des »C+C« an Wiederverkäufer und Gewerbetreibende den deutlichen Gegensatz zu allen Formen des Kreditverkaufs und des kostspieligen Zustelldienstes kennzeichnen (3).

Vier Fünftel der Versorgung über SB-Geschäfte

Während die SB-Idee in den USA auf jede nur denkbare Branche ausgedehnt wurde — der Verkaufsphantasie sind dort eben keine Grenzen gesetzt: vom Zierfisch bis zum Flugzeug wechseln die Waren auf dem Selbstbedienungsweg die Besitzer —, rationalisierte in Europa, speziell in der Bundesrepublik Deutschland, der stationäre Lebensmitteleinzelhandel seinen Absatz über die Selbstbedienung mit eindrucksvollen Ergebnissen.
Lediglich 3,4 Prozent seines Umsatzes werden heute noch im Bedienungsverkauf getätigt (2,7 Milliarden DM), während es vor gut zwei Jahrzehnten (1956) noch 95,6 Prozent waren. Der Selbstbedienungsverkauf stockte von 4,4 Prozent im Jahre

Die Selbstbedienung hat innerhalb von 20 Jahren den Einkauf in der Bundesrepublik grundlegend verändert. Die optische Verkaufsansprache tritt an die Stelle des akustischen Produktdialogs.

1956 (1 Milliarde DM) auf 96,6 Prozent (76,3 Milliarden DM) im Jahre 1975 auf. Mit anderen Worten: Die Situation hat sich genau umgekehrt und damit auch die Methoden der Kunden-Ansprache grundlegend verändert.

»Wenn es keine Selbstbedienung gäbe«, sagte der Direktor des Instituts für Selbstbedienung (ISB), Dr. Karl Heinz Henksmeier, bei der Präsentation dieser Zahlen im März 1977, »würden im Lebensmitteleinzelhandel nicht 300000, sondern 500000 Arbeitnehmer gebraucht.« Rund vier Fünftel der Versorgung bezieht die bundesdeutsche Bevölkerung über Supermärkte und SB-Geschäfte wie auch über die neueren Betriebsformen der Verbrauchermärkte und SB-Warenhäuser, die besonders dynamische Verkaufsförderungsmethoden bei möglichst wenig Kosten entwickelt haben.

Allerdings: Verbrauchermärkte und SB-Warenhäuser stellen im Durchschnitt für Nichtlebensmittel (Konsum- und Gebrauchsgüter) mehr Verkaufsfläche zur Verfügung als für Lebensmittel. Am 1. Januar 1977 arbeiteten hierzulande insgesamt 1085 SB-Warenhäuser und Verbrauchermärkte mit einer Verkaufsfläche von

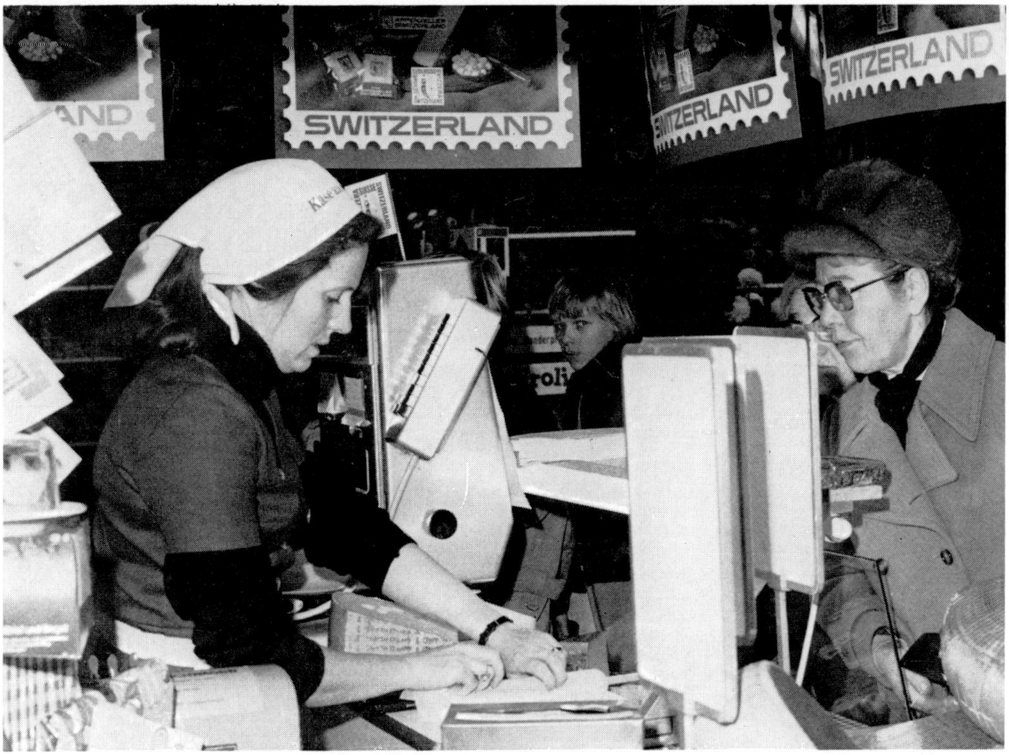

5,045 Millionen Quadratmeter (durchschnittliche Verkaufsfläche: 4650 Quadratmeter). Je Markt entfallen im Schnitt 3116 Quadratmeter auf Konsumgüter und nur 1534 Quadratmeter auf Nahrungs- und Genußmittel. Durchschnittlich führt jeder Markt 24 517 Artikel, 28 Prozent davon sind Lebensmittel.

Bedienungstheken haben noch einen Rest des ursprünglichen Marktcharakters. Im Konkurrenzkampf zwischen dem traditionellen Lebensmitteleinzelhandel, der inzwischen auch weitgehend auf SB umgeschaltet hat, und dem Diskontverkauf (Trokkensortiment zu Billigpreisen) erleben Bedienungsabteilungen augenblicklich eine Renaissance.

Schweizer Beispiel für moderne Verkaufsatmosphäre. Im Einkaufszentrum Glatt weisen Piktogramme den Käufern den Weg.

Vom gesprächigen, teilweise sogar geschwätzigen Verkäufer zum »stummen« Verkäufer: Sonderdisplays ersetzen Marktschreier.

Entwicklung der Selbstbedienung in der BRD (Lebensmitteleinzelhandel)

	Läden insgesamt	SB-Läden	Bedienungsläden
1957	147 000	1 379	145 621
1966	153 998	62 714	91 224
1971	117 510	86 398	31 112
1976	86 951	72 987	13 964

Quelle: ISB

Bedingt durch die sich beschleunigende Strukturbereinigung (weniger Läden, größere durchschnittliche Verkaufsfläche) nahm die Zahl der Lebensmittel-SB-Geschäfte zwischen 1971 und 1976 ebenfalls ab. Bezogen auf die Umsätze und die Bedienungsläden bleiben sie jedoch auf der Gewinnerstraße.

Wirb oder stirb — an der Verkaufsfront

Mit dem Auftauchen der dynamischen Betriebsformen sah sich auch der klassische Lebensmitteleinzelhandel zu größerer Aktivität auf dem Gebiet der Verkaufsförderung gezwungen. »Wirb oder stirb«, heißt das unbarmherzige Motto des Überlebens. Und so überrascht es nicht, daß im Lebensmitteleinzelhandel am meisten um den Kunden mit Mitteln der Verkaufsförderung geworben wird, daß es mehr Preisaktionen und Sonderangebote gibt als im vergleichbaren Fachhandel. Nielsen stellte fest, daß 1976 rund 80 Prozent aller Lebensmittelgeschäfte für ihre Angebote warben, dagegen nur 72 Prozent aller Drogerien, Parfümerien und Friseurgeschäfte.

Zu den beliebtesten Werbearten gehören im Lebensmitteleinzelhandel:

- Fensterplakate/-streifen (71 Prozent)
- Plakate im Verkaufsraum (61 Prozent)
- Handzettel (37 Prozent)
- Anzeigen in Tageszeitungen (35 Prozent)
- Regalstopper (32 Prozent).

Mit anderen Worten: 71 Prozent aller Lebensmittelgeschäfte benutzen Fensterplakate oder -streifen, um Kunden auf besondere Angebote aufmerksam zu machen (Super-SB-Geschäfte sogar zu 98 Prozent).

Im beratungsintensiveren Fachhandel (bei dem jedoch auch die Selbstbedienung weiter voranschreitet) werden bevorzugt eingesetzt:

- Schaustücke (65 Prozent)
- Plakate im Verkaufsraum (64 Prozent)
- Fensterkleber (54 Prozent)
- Produktproben (52 Prozent)

und

- Anzeigen in Tageszeitungen (25 Prozent).

24 Minuten Zeit für einen Einkauf

Doch nicht nur der Händler rationalisiert Verkauf und Verkaufsansprache, auch die Hausfrau nimmt sich für den durchschnittlichen Einkauf im Supermarkt nicht mehr allzuviel Zeit (vom Wochen- oder Monatseinkauf im Großmarkt auf der »grünen Wiese« einmal abgesehen).

Die Kundin hat meist einen festen Einkaufsrhythmus, von dem sie nur ungern, allenfalls aufgrund besonderer Verkaufsförderungsmaßnahmen, abweicht. Die Zeitspanne für einen Einkauf — so errechnete die Centrale Marketinggesellschaft der deutschen Agrarwirtschaft (CMA) — beträgt im Schnitt 24 Minuten in Supermärkten. Kein Wunder, wenn bei zunehmendem Konkurrenzdruck im Handel alle Promotionsmöglichkeiten ausgeschöpft werden, um die Hausfrau während dieser knappen Zeit zu möglichst vielen und hohen Einkäufen zu bewegen.

Der Zwang der Verkaufsförderung mit möglichst kostengünstigen, dafür nicht minder wirksamen Mitteln der optischen Kommunikation wächst. Die Aktionen — das bestätigen die Statistiker — haben stark zugenommen, die Sonderangebote massieren sich: Es gibt kaum noch einen einstufigen Verbrauchermarkt (Direktabnehmer der Industrie) oder einen Filialbetrieb, der nicht ein genaues Zeitschema für die jeweiligen Aktionen des Jahres führt.

Zahl der Aktionen verdoppelte sich

Der Trend zu mehr Promotion am Point of Sale äußert sich in einer Verdoppelung der Aktionen pro Geschäft und Woche in der Zeit von 1973 bis 1975. Während noch 1977 erst 6 Prozent der Umsätze über Aktionen in die Kassen flossen, waren es 1974 schon 12 Prozent; nach neuesten Schätzungen dürften es rund 15 Prozent sein.

Praktisch wurde jede sechste Mark, die der Einzelhandelskaufmann heute einnimmt, über Aktionen verdient.

Diese Tatsache unterstreicht die wachsende Bedeutung der Verkaufsförderung und der Verkaufsförderungsmittel.

Die Verkaufskommunikation erhält neue Gewichte: Displays, Verpackung und ein ausgefeiltes System der Warenpräsentation führen das einstige persönliche Gespräch über die Ware fort. Das Qualitäts- und Nutzenversprechen übernimmt der

Werbung am Ort des Verkaufs 1976

Werbung des Lebensmitteleinzelhandels

Werbung des Lebensmitteleinzelhandels in Prozent der Geschäfte 1976

	Lebensm. Einzelhdl. insgesamt	Verbraucher-märkte	Discount-Geschäfte	Filial- und Coop-Geschäfte	Selbst. Super SB-Geschäfte	Selbst. Große SB-Geschäfte	Selbst. Mittlere SB-Geschäfte	Selbst Kleine Geschäfte
Werbung insgesamt	80	96	98	97	98	96	95	72
Fensterplakate/-streifen	71	61	90	96	98	95	91	61
Plakate im Verkaufsraum	61	94	92	93	95	92	76	49
Handzettel	37	59	58	61	80	76	54	24
Tageszeitungen	35	91	79	80	44	[illegible]2	43	26
Regalstopper	32	73	50	64	73	62	51	18
Deckenhänger/Mobiles	31	89	69	82	71	71	40	16
Preistafeln	29	57	29	24	42	45	33	27
Probepackungen	14	50	19	17	33	30	23	9
Kostproben	13	74	34	28	33	33	17	6
Lautsprecherwerbung	5	81	21	26	16	9	2	—
Rundfunk-, Fernseh- u. Kino-Werbung	2	13	1	11	9	1	2	—
Sonstige Werbemittel	16	45	26	28	39	19	22	12
Durchschnittl. eingesetzte Werbemittel	4,3	8,2	6,3	6,3	6,5	6,1	4,5	3,5

Quelle: NIELSEN

Markenartikel. Im zunehmend durchrationalisierten Zweig des Lebensmitteleinzelhandels erhält das Personal Organisationsfunktionen wie das Verteilen und Neubestellen von Waren. Die werbliche Aufgabe nimmt ein zentral gesteuertes Marketing wahr.

Bis auf die Bedienungsabteilungen bleibt kaum noch Zeit für persönliche Verkaufsgespräche. Somit ist die optische Kommunikation am Verkaufspunkt ein entscheidender Faktor im Rahmen des Marketing-Mix (sowohl der Industrie wie des Handels):

Sie sorgt in Fortführung oder Ergänzung der Markenartikel-Werbung für die Auslösung des Kaufvorganges und ist die Bewährungsprobe jeder Kampagne.

Werbung am Ort des Verkaufs 1976
Werbung des Fachhandels

Werbung des Fachhandels* in Prozent der Geschäfte 1976

	Geschäfte insgesamt	Große Drogerien	Kleine Drogerien	Seifengeschäfte Parfümerien	Große Friseurgeschäfte	Kleine Friseurgeschäfte
Werbung insgesamt	72	97	94	78	77	62
Schaustücke	65	88	87	70	71	55
Plakate im Verkaufsraum	64	80	86	53	67	57
Fensterkleber	54	91	85	58	49	43
Produktproben	52	96	88	67	56	35
Anzeigen in Tageszeitungen	25	65	41	49	42	10
Deckenhänger	19	53	52	32	15	8
Handzettel	16	67	51	26	7	3
Regalstopper	14	52	44	27	5	4
Lautsprecher im Verkaufsraum	1	7	3	3	—	—
Andere Werbemittel	7	19	9	5	17	3
Durchschnittlich eingesetzte Werbemittel	4.4	6.4	5.8	5.0	4.3	3.5

*ohne Apotheken

Quelle: NIELSEN

»Nichtsdestoweniger entwickelt sich eine immer reicher werdende Literatur über die Reklame; Reklamefachleute und Reklamekünstler treten auf, und der strebsame Handlungsgehilfe studiert bei der Lampe seines bescheidenen Wohnstübchens mit heißem Bemühen die Offenbarungen dieser Kunst, welche der Buchhändler um weit teureren Preis, aber doch vielleicht mit mehr Erfolg vertreibt als die Grundrisse und Handbücher der Nationalökonomie.«
Karl Bücher (1917)

Die Anfänge – Von der Vorgeschichte bis zur Neuzeit

Plakate gab es schon im alten Rom

Wem juckt es beim Schreiben grundsätzlicher Werke nicht in der Feder, zur Untermauerung seiner Einfälle »schon die alten Griechen« zu bemühen oder wenigstens die ersten Zivilisatoren des Abendlandes, die Römer, als unverdächtige Zeugen anzurufen?
Bei der Suche nach den Anfängen der optischen Verkaufskommunikation ist dieser beliebte Einstieg sogar recht sinnvoll. Denn seit es Marktplätze gibt, gibt es Menschenaufläufe und damit die Notwendigkeit, sich samt seiner Ware vom Nebenmann und aus dem Menschengewühl »herauszuheben«, sich zu »profilieren«.

Die Märkte des Altertums dienten nicht nur dem Tausch bzw. Kauf von Waren. Sie waren gleichzeitig Nachrichtenbörsen und Kommunikationsforen. Politik erwuchs speziell in den Stadtstaaten Griechenlands wie auch in der Metropole Rom aus diesen meinungsbildenden Versammlungen — zumindest in den demokratischen Epochen.
Marktplätze waren »Quatschplätze«, auf denen Information und Dialog ebenso wichtig waren wie die Versorgung der Bürger mit Waren des täglichen Bedarfs. Marktschreier und Rhetoren wetteiferten um die Aufmerksamkeit des souveränen Publikums — vorwiegend akustisch. Ähnlich wie auch heute noch auf den Wochenmärkten.

Allerdings kannten die Marktbesucher des alten Roms auch so etwas Ähnliches wie »Plakat-Anschlag«: Die »acta diurna« — eine mit Gips bestrichene Tafel — gab öffentlich die Verhandlungen und Beschlüsse der Volksversammlung bekannt. Auch in Pompeji sind derartige Wandinschriften staatlicher Stellen und Privater entdeckt worden. Mit solchen Inschriften ersparten sich ihre Verfasser ständige verbale Wiederholungen. Diese Rationalisierung der Kommunikation war allerdings nur in urbanen wie schreibkundigen Gesellschaftssystemen möglich.

Mit der Entwicklung der Städte wuchs auch die Bedeutung der Kaufmannschaft

Wie eng die Blüte der Kaufmannschaft mit dem Gedeihen der Städte verknüpft ist, zeigt die nachrömische Geschichte besonders diesseits der Alpen. Mit der Zerstörung der römischen Niederlassungen durch die Germanen verschwanden die Marktplätze alter Prägung. Die agrarisch orientierte Entwicklung im Zeitalter der Merowinger und Karolinger und das Übergewicht des Grundbesitzes (mit Fronhöfen und zinspflichtigen Bauernhufen) kam weitgehend ohne Städte aus. Die überwiegende Mehrheit des Volkes bestritt ihren Unterhalt direkt auf der Scholle:

»Zu jener Zeit, da der Bauer in seiner Hofwirtschaft den gesamten Bedarf an Geräten und Werkzeugen selbst herstellte, da es den Stand selbständiger vollberuflicher Gewerbetreibender ebensowenig gab wie etwa Wochenmärkte für landwirtschaftliche Erzeugnisse, bestand keinerlei Notwendigkeit für die Anlage von großen Städten« (4).

Mit dem Aufstieg des Heiligen Römischen Reiches Deutscher Nation, dem Beginn des Mittelalters und dem Erstarken des Handwerkerstandes gewannen auch die Städte — wenngleich in anderer Form als in der Antike — wieder an Bedeutung. Die Siedlungen im Schutze eines Klosters oder einer Burg, auf der ein Ritter oder Bischof residierte, galten als vorbildlich: beispielsweise der Bauplan von St. Gallen aus dem Anfang des 9. Jahrhunderts. In derartigen Ansiedlungen gab es neben der Residenz oder dem Kloster (mit seinen Versorgungstrakten) Hospitäler, Gasthäuser, in denen u. a. die fahrenden Händler der damaligen Zeit unterkamen, sowie verschiedene Handwerkerhäuser.

Über die alten Salzstraßen entwickelte sich ein reger Austausch landwirtschaftlicher und gewerblicher Güter, die Märkte im Schatten der Burgen blühten auf. Zum Schutz der neuen Wochenmärkte wurden die Ansiedlungen mit einer Mauer umgeben, die an vorhandene Burg- oder Klosteranlagen anschloß. »Die Burg war Beherrscherin und Beschützerin der Stadt und des Marktes geworden. Bürger, Markt, Marktgericht und Stadtmauer ließen die anfänglich regellose Gewerbesiedlung zur Stadt werden. Der Bürger trat

Bei der überwiegend bäuerlichen Bevölkerung des Mittelalters bestimmte jahrhundertelang die Eigenerzeugung das Bild der täglichen Versorgung. Nahrungsmittel und Bedarfsgegenstände wurden selbst hergestellt. — Holzschnitt, Straßburg 1502.

Noch heute sind die Wochenmärkte — die Urform des Lebensmittelmarktes — beliebtester Einkaufsort für Obst und Gemüse.

als dritter Kulturträger neben Priester und Ritter« (5).
Der Charakter dieser Angebots- und Nachfrageplätze hat sich weitgehend im heutigen Wochenmarkt erhalten: mobile Stände, Fuhrwerke und ein lautstarkes Wetteifern um die Gunst der Passanten. Der direkte Kontakt von Verkäufer, Ware (Angebot) und Käufer schafft eine besonders stimulierende Atmosphäre, die auch heute noch von den Hausfrauen hochgeschätzt wird, wie eine jüngst veröffentlichte Untersuchung der CMA ergab. Zwei Drittel aller bundesdeutschen Hausfrauen haben nach wie vor Gelegenheit, auf einem Wochenmarkt in erreichbarer Nähe einzukaufen: 20 Prozent kaufen dort regelmäßig, 39 Prozent gelegentlich ein.
Obst und Gemüse — das wissen die Demoskopen schon lange — möchte die Hausfrau am liebsten nur auf dem Wochenmarkt einkaufen: Garantierte Frische, große Auswahl und günstiger Preis sind zugkräftige Magneten. Daß diese Urform des Lebensmittelmarktes immer noch recht munter funktioniert, beweist die Statistik: In 88 Prozent aller bundesdeutschen Städte mit 20 000 und mehr Einwohnern werden regelmäßig Wochenmärkte abgehalten, und fast alle Großstädte (über 200 000 Einwohner) bieten ihren Bürgern diesen »nostalgischen« Service — trotz Supermärkten und Spezialgeschäften.

Der Beck.

Zu mir rein/wer hat Hungers not/
Jch hab gut Weitz vnd Růcken Brot/
Auß Korn/Weitzen vnd Kern/bachen/
Gesaltzn recht/mit allen sachen/
Ein recht gewicht/das recht wol schmeck/
Sem̃el/Bretzen/Laub/Spuln vñ Weck/
Dergleich Fladen vnd Eyerkuchn/
Thut man zu Ostern bey mir suchn.

In den Städten dominierte bis zum Ende des 18. Jahrhunderts die direkte Kundenbeziehung zwischen produzierendem Handwerk (beispielsweise dem Bäcker) und den Käufern. Erst mit dem Wegfall der gestrengen Gewerbeordnungen wurde das moderne Ladengeschäft mit seinem Massenangebot zum beherrschenden Einkaufspunkt.

Der jahrhundertelange Kampf der Kaufleute um Anerkennung

Doch zurück zum Mittelalter. Mit dem wachsenden Wohlstand der Städte gedieh auch der Stand der Kaufleute, der jedoch jahrhundertelang um Existenz und Anerkennung kämpfen mußte. Informationen und Verbindungen zeichneten schon damals den qualifizierten Großkaufmann aus. Die regelmäßig versandten Kaufmannsbriefe, die sich seit dem 13. Jahrhundert nachweisen lassen, waren für die Beschaffung exklusiver und ausreichender Ware von entscheidender Bedeutung. Sie enthielten nicht nur Informationen über Waren und Preise, sondern auch Nachrichten über politische Veränderungen oder Naturereignisse (»Zeitungen«). Allerdings auch Großkaufleute mußten in jenen Jahrhunderten häufig unterwegs sein, um für den kontinuierlichen Warenfluß zu sorgen. Lediglich die allergrößten wie ein Jakob Fugger konnten sich die kaufmännische Tagesarbeit im eigenen Handelshaus leisten.

So unterschiedlich die merkantilen Ziele im Norden (an der Küste) und im Süden (mit Verbindungen zum Orient) auch waren, an dem großen Risiko ihres schweren Berufes hatten Genueser oder Londoner Kaufleute gleich gefahrvoll zu tragen. Es gab kaum Versicherungen, dafür zahlreiche Gefahren durch Raub, Unwetter, Brand oder Schiffsuntergang. Entsprechend

hart war auch der Kampf um Privilegien und gegen Konkurrenten, die nicht der gleichen Heimatstadt und dem gleichen Berufsverband angehörten (6).
Die Entwicklung vom fahrenden (»fliegenden«) Händler zum ortsgebundenen Kaufmann, der seine Ware erst allmählich in festen Geschäften anbot, verlief parallel mit der gesellschaftlichen Anerkennung, der Verbesserung der Verkehrsverhältnisse und schließlich erst konsequent mit dem Abbau der Zollschranken, die besonders im Altreich vom Kaufmann gehörige Kapitalkraft verlangten, wenn er beispiels-

»Kaufmann Gisze« von Hans Holbein d. J. (1497—1543), Berlin, Ehem. Staatl. Museen. Erschienen als Piperdruck Nr. 29.

weise auf dem Weg von Lübeck nach Augsburg zahlreiche Territorien überschreiten mußte.

Neid und Ablehnung

In den Stadtstaaten bzw. freien Reichsstädten vollzog sich der Aufstieg zur tonangebenden Patrizierschicht weitaus problemloser — bedingt durch die Abhängigkeit dieser Kommunen von Handel und Gewerbe. Die Anerkennung der Kaufleute war gleichzeitig ein Akt der Staatsraison, denn nur starke Kaufleute konnten eine Stadt unabhängig erhalten. Stark konnte ein Kaufmann jedoch nur sein, wenn er finanzkräftig war. So einfach war dies ungeschriebene Gesetz.
Doch der Neid des chronisch geldkranken Feudalstaates, die Ablehnung durch die kirchliche Morallehre und die antike Philosophie zwangen zur ständigen Auseinandersetzung mit der gesellschaftlichen Kommunikation, zur ausführlichen Rechtfertigung, die sich sowohl in der Werbung als auch in den Niederschriften über die Kaufmannsregeln, den Vorläufern der heutigen Betriebswirtschaftslehre, immer wieder artikulierte.
Die Erfindung der Buchdruckerkunst durch Johannes Gutenberg (um 1450) begünstigte nicht nur die gesellschaftliche Zeitkommunikation, sie beflügelte auch den Gedankenaustausch über merkantile Vorgänge und Probleme. Die Grundregeln für den »ehrbaren Kaufmann« werden bei-

J. Heimerdinger, Neuerwall
Gegründet 1817 · Anno 1843

spielsweise von Paul Jakob Marperger (1656—1730) in einer Art Lexikon festgehalten. Der weitgereiste Schriftsteller und Kaufmann gab Anregungen auch für den Verkauf und schlug in seinem Werk »Der wohlunterwiesene Kaufmannsjunge« (Nürnberg 1715) vor, auf den Universitäten Professores Mercaturiae anzustellen, »die die Kaufmannschaft und alles, was in dieselbe hineinläuft, und von solcher dependiret, dociren müßten«, regte damit also schon die Einrichtung betriebswirtschaftlicher Lehrstühle an (7).

Ansichten eines Delikatessengeschäftes in den Jahren 1843, 1863 und 1894.

Berühmt ist auch das Werk von Colbert, dem Finanzminister Ludwigs XIV., »Der vollkommene Kauff- und Handelsmann« (deutsche Ausgabe 1676) oder der »Wohlerfahrene Kaufmann«, 1727, von Gottfried Christian Bohn. Diese Bücher dokumentieren das wachsende betriebliche Verständnis und die Einsicht, gesammelte Erfahrungswerte für die Weiterführung der zunehmend stationären Handelshäuser den Nachkommen zu überliefern. Miteinbezogen: konkrete Ratschläge zur richtigen Kundenansprache oder bilanztechnische Tips. Typisch für diese Vorwärtsstrategie mit kommunikativen Mitteln ist »Le Parfait Négociant« (1675) von Jacques Savary, der sich eingehend mit der für jene Zeit bezeichnenden Frage beschäftigt hat: »Wie kann auf eine redliche Weise dauernd der größte Gewinn erzielt werden?«

Die Vorläufer der kommunikativen Verkaufshilfe

Die nüchternen, mit Zahlen gespickten Handzettel, die der Supermarktleiter meist am Donnerstag in die Briefkästen seines Kundenkreises werfen läßt, haben ihre Vorläufer, selbst wenn die Verbindung zwischen diesem häufig eingesetzten Werbemittel der Lebensmittelgeschäfte und den »fliegenden Blättern« des 15. und des 16. Jahrhunderts nicht so geradlinig erscheinen will. Sicher gibt es aber einige typische Gemeinsamkeiten.

Schon vor der Erfindung Gutenbergs kannte das Volk auf den Jahrmärkten die Briefmaler und Formschneider mit ihren Einblattdrucken bzw. handgemalten Bildern und Bilderbogen. Die große Zahl der erhaltenen Blätter läßt nur von ungefähr eine Übersicht über die weite Verbreitung dieser buntfarbigen Erzeugnisse zu, die meist religiöse Motive zeigten, hauptsächlich mit moralischem Appell. Später entwickelte sich diese Form der Gelegenheitsdrucke zu »Newe Zeitungen«, Mitteilungen über außergewöhnliche Vorfälle, die vor allem auf Jahrmärkten feilgeboten wurden. Andererseits dauerte es nicht allzu lange, bis findige Buchdrucker, die ja schon in den Gelegenheitsdrucken für sich und ihre Erzeugnisse geworben hatten, erkannten, »welch unvergleichliches Werbemittel sich in diesen in regelmäßigen Zeitabständen erscheinenden Blättern anbot, um gelegentlich, dann auch regelmäßig, zunächst noch für sich und ihre Druckerei zu werben und — später — Anzeigenkunden Raum gegen Bezahlung zur Verfügung zu stellen, damit sie werben könnten« (8).

Kurz, sowohl die sich zu eigenständigen Informationsmedien entwickelnden »Neuen Zeitungen« wie auch die Flugblätter, die dank des Buchdrucks sehr rasch hergestellt und in großer Auflage verbreitet werden konnten, wurden schon früh als Werbemedien erkannt. Allerdings ist diese Werbung nicht mit der heutigen Produkt-

Marktstände.

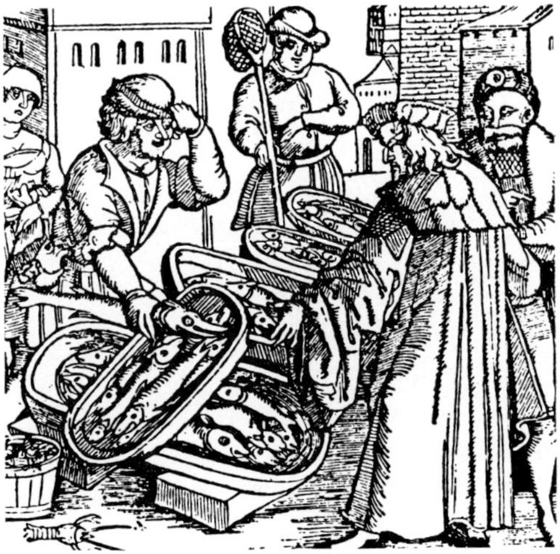

werbung zu vergleichen. Sie erscheint — insbesondere in den späteren, staatlich beaufsichtigten Intelligenzblättern Preußens — als simple Information ohne sonderlich reißerische Diktion.

Bild und Wort als Verkaufshelfer

Beachtlich sind allerdings folgende Parallelen zum heutigen, rasch vervielfältigten Handzettel des Einzelhandels:

- Die Kombination von Bild und Wort weckt Aufmerksamkeit (beispielsweise die Einblattdrucke der Formschneider und Briefmaler).
- Die Information an ein größeres potentielles Käuferpublikum.
- Das Nutzen-Versprechen (Ablaßzettel, Bücherzettel).

In seinem Büchlein »Werbung in alter Zeit« zeigt Günter Kieslich frühe Beispiele der »Handzettel-Werbung«, der werbenden Einblattdrucke:

So zum Beispiel unter der Überschrift »Willtu dich haußhaltens nemen an So tracht was du der Zu must han« ein Beratungsblatt für junge Eheleute aus dem Jahre 1475, auf dem plakativ (auch für des Lesens Unkundige) in 24 Einzelbildern die Gegenstände dargestellt werden, die zu einem jungen Hausstand gehören. Kieslich: »Warnend weist der Verfasser in der Schlußzeile des erklärenden Gedichtes darauf hin, daß die hier bildlich reproduzierten Dinge nur den zehnten Teil dessen ausmachen, was man in einer Ehe wirklich benötigen wird. Die eigentliche Werbeabsicht spielt sich noch ganz im pädagogischen Bereich ab. Es wird noch nicht für den Erwerb der dargestellten Güter direkt geworben. Das Plakat ist vielmehr Beratungsblatt . . .« (9).

Oder die Ankündigung eines Schützenfestes in Köln aus dem Jahre 1501 (mit Hinweis auf die Wettkampf-Modalitäten und auf eine Verlosung), den Werbezettel eines fahrenden Dompteurs aus dem Jahre 1625, der als Anschlag- oder Handzettel eingesetzt wurde. Kieslich: »Der rein geschäftlich werbende Anschlag- und Handzettel ist seit dem letzten Drittel des 16. Jahrhunderts in Mode gekommen. Wandernde Schausteller haben sich als erste dieser plakativen Werbung bedient, um das Publikum auf sich aufmerksam zu machen« (10).

Kieslich verdeutlicht in seiner kleinen Broschüre, wie sich zunehmend die Handzettel-Werbung »professionalisierte«. Am Beispiel des Weinhändlers und Gasthofbesitzers Johann Georg Höffinger, Regensburg, unterstreicht er, wie sich auf der Weinkarte des cleveren Gastronoms (um 1750) Angaben zu den Fahrplänen der

Ein Beratungs-Werbeblatt für junge Eheleute (1475).

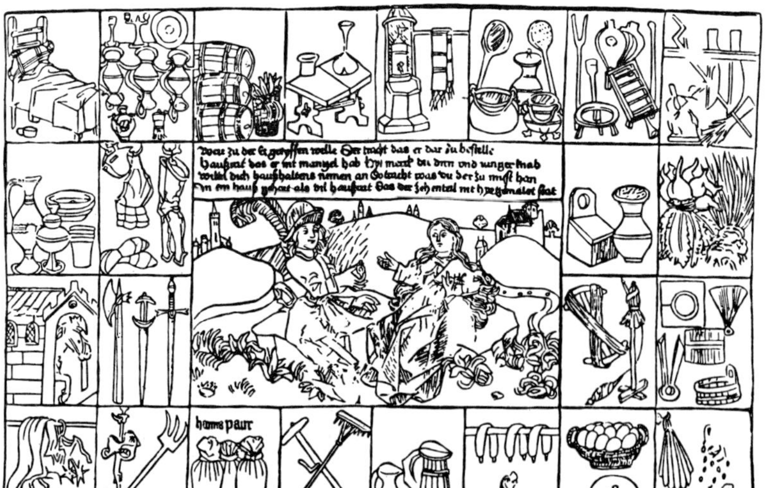

Messieurs & Dames,

Il est arriué en ceste Ville, vn tres-honneste Homme lequel à amené deux Animaux desquelz voyez la vraye Figure cy dessus, lesquelz Animaux ont esté presenté au Roy, dans le Ieu de Paulme du Louure à Paris, à la veuë de plusieurs grands Princes & Seigneurs, lesquels n'ont iamais veu leurs semblables, lesdicts animaux ont esté pris en Affrique, les noms desquels ne sont pas bien cogneus, quelque-vns les appellent Mago, les autres Tartarins, les Holandois qui les amenent des Indes, les appellent Bleuf-nez, lesdicts Animaux font plusieurs belles exercices, comme sauter, dancer, tenant espée & verre en main, &c. si bien que celuy qui les conduict desire & promet renuoyer tous ceux qui luy auront faict l'honneur de les veoir auec vn tres-parfaict contentement, lesdicts Animaux se montrent en la rüe

à l'Enseigne

Werbe-Handzettel eines fahrenden Dompteurs.

Post sowie zu seinen Wein-Offerten »zwecks gemeinsamer Ansprache der Kunden« verbünden (11).

Die Insertion bürgerte sich im 18. Jahrhundert ein

Die ersten Anzeigen in der Nachrichtenzeitung waren — so Kieslich — Mitteilungen und Verlagsangaben des Druckers. Sie sollten den eigenen Bücherabsatz steigern helfen. »Sehr früh bedienten sich dann aber auch Quacksalber, reisende Ärzte und Apotheker der periodischen Presse als Werbemittel, und fast gleichzeitig lassen sich Anzeigen für Waren ausländischer und nicht handwerksmäßiger Herkunft nachweisen. Diese zunächst sonderbar anmutende Erscheinung findet ihre Erklärung darin, daß — mit Ausnahme der Buchdrucker — diese ersten Werbungtreibenden nicht im Bereich der z.T. noch geltenden mittelalterlichen Zunft- und Wirtschaftsordnung lagen« (12).
Erst am Anfang des 18. Jahrhunderts wird es dann üblich, auch für Dienstleistungen zu werben; ein wenig später tritt neben die

»Gelegenheit« eine »neue Funktionsbestimmung der Anzeige«: »Sie wird Vermittler zwischen Angebot und Nachfrage« (13).
Die Medien, die bevorzugt (aufgrund obrigkeitlicher Erlasse) derartige Inserate aufnahmen, die Intelligenzblätter, gingen aus besonderen Vermittlungsbüros hervor, die im ersten Drittel des 17. Jahrhunderts in Paris und London, später auch in deutschen Städten entstanden: aus den »Bureaux d'adresse et de rencontre, Offices of intelligence, Adreßkomptoires, Berichthäusern, Frag- und Kundschafts- oder Nachrichtämtern«. Diese konzessionierten Privatunternehmen fungierten als Makler für Kauf- und Verkaufsangebote, Verpachtungen, Vermietungen, für verlorene und gefundene Gegenstände, für Reisebegleiter, Abfahrt von Kutschen und Frachtwagen usw. Gegen Gebühr versteht sich. Im Jahre 1633 begann das Pariser Bureau seine Einzeichnungsregister, die es vorher seinen Kunden nur zur Einsicht

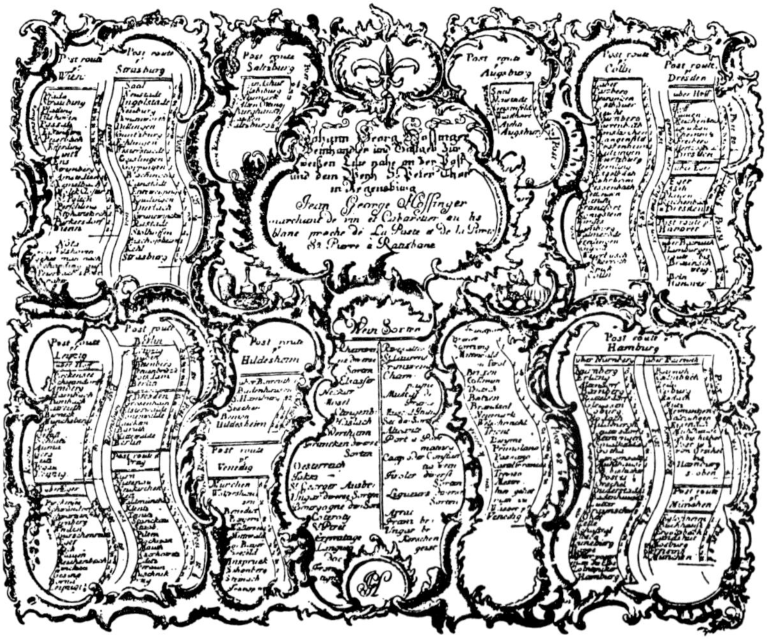

Die Weinkarte von Johann Georg Höffinger als Werbemedium (um 1750).

Freytags, den 1. Septembr. Anno 1730.

Numero I.

Der Königl. Pohln. Churfl. Sächsischen Residentz-Stadt Dreßden Wöchentlicher

Anzeiger oder Nachricht,

Dessen, was in- und außerhalb der Stadt zu kauffen und zu verkauffen, zu miethen und zu vermiethen, zu pachten und zu verpachten, wer Capitalia ausleihen, und solche erborgen will, wer Dienste oder Bedienungen, desgleichen zu einer Reise ein, oder mehr Compagnons suchet, wer nach Persohnen, so nicht zu erforschen, fraget, wer etwas gefunden oder verlohren, wer in abgewichener Woche begraben, getauffet und copuliret worden, wer von Frembden ankommen, oder abgangen, wenn Fuhr-Leute oder Schiffe ankommen, oder abgehen, wie hoch die Victualien in Tax gesetzet worden, und was sonst in gemeinen Leben zu wissen nöthig und nützlich.

Dreßden, zu finden auf der Schloß-Gasse in der Hilscherischen Buchhandlung.

»Dresdner Intelligenz-Zettel« (1730).

vorgelegt hatte, in einem periodischen Druckblatt zu veröffentlichen. Die Geburtsstunde der Anzeigenblätter war damit eingeläutet. Allerdings: Typische Warenangebote oder gar Stellenanzeigen gab es — bedingt durch das strenge Zunftwesen — noch lange nicht. Ebenso spiegelt sich in dieser Tatsache die Rolle des Handwerks wider, das mit seinen Kunden direkt zusammenarbeitete.

Die Arbeitsvermittlung besorgte die Gesellenschau. Immerhin enthielten die Intelligenzblätter auch amtlich gebilligte Informationen aus Haus- und Landwirtschaft, Gewerbe und Handel, Fruchtpreise, Fleisch- und Brottaxen sowie Kursnotizen.

Das Ende der alten Wirtschaftsordnung

Die eigentliche Werbung für Waren und Produkte entwickelte sich erst mit dem Abbau der alten, an der Stadtgewerbeordnung des Mittelalters orientierten Wirtschaftsform und dem Entstehen unternehmerisch geführter Betriebe. Hand in Hand damit ging die Weiterentwicklung der Kaufmannschaft vom gewerblichen zum unternehmerischen Berufsverständnis.

Für Erzeugnisse, die fix und fertig zu haben waren, regelte ursprünglich die Obrigkeit den »Wettbewerb«: Die Handwerker der gleichen Zunft wohnten in der gleichen Straße, die Meister mußten auf dem Markt nebeneinanderstehen. Lediglich Hausnamen oder ausgehängte Symbole halfen dem Gedächtnis der Käufer etwas nach. Schilder mit anschaulichen Abbildungen wiesen auch denen den Weg, die nicht lesen konnten. »Nur bei fremdem Angebot, soweit es zur Ausfüllung der durch die örtliche Produktion gelassenen Lücken nicht zu umgehen war, bediente diese Wirtschaftsordnung sich des Marktschreiers und ließ in bestimmten Fällen Unterkäufer, Wieger und Messer dafür sorgen, daß jede eingeführte Ware ihr Ziel finden konnte« (14).

Indes, der Geist der alten Wirtschaftsordnung wirkte auch dann noch nach, als neue Gewerbeordnungen Platz griffen: Bei der Kaufmannschaft selbst des 19. Jahrhunderts galt noch lange die ständische Regel vom »leben und leben lassen«. Die Geschäfte so zu führen, daß die Konkurrenz darüber zu Schaden kam, war unanständig. Dies änderte sich jedoch schlagartig mit der Einführung der Gewerbefreiheit und der Ablösung der kundenbezogenen, handwerklichen Produktion durch die Warenproduktion. Das Gesetz der Masse zwang zur Käuferwerbung.

Typisch für diese neue Form der Anpreisung, die sich von den Gelegenheitsannoncen der Intelligenzblätter gründlich unterschied, waren die Anzeigen zunächst über neu erschienene Bücher, die bereits in den Publikationen des 18. Jahrhunderts auftauchten. »Das Buch ist die erste Ware modernen Stils. Es muß in größerer Menge (ganzen ›Auflagen‹) hergestellt werden, wenn das Druckverfahren lohnend sein soll. Kundenproduktion, wie sie früher bei handschriftlicher Herstellung möglich war, ist nunmehr ausgeschlossen. Dadurch kommt ein Risiko in die Produktion, das keinem der alten Handwerke eigen war, und es werden Mittel notwendig, um den ganzen latenten Bedarf zur Abnahme heranzuziehen« (15).

Dieses Charakteristikum ging im Laufe des industriellen 19. Jahrhunderts auf zahllose andere Erzeugnisse über. Karl Bücher: »Sie sind Waren geworden, die alles Individuelle von sich abgestreift haben. Die sie hervorbringen, müssen Massen verkaufen, wenn die Produktion lohnen soll. Zugleich sind sie dem Wettbewerb zahlreicher anderer Produzenten ausgesetzt und wollen nicht bloß neben ihnen sich behaupten, sondern sie, womöglich, überflügeln oder gänzlich vom Markte verdrängen« (16).

Der Handel, die stationären Geschäfte der

Diese bemalte Tür aus dem Jahre 1797 deutet den Beginn neuer Anbietformen des Handels an. Hier wurden Fachartikel wie Baumwolle, Spezereien und Farbwaren angeboten.

Kaufleute werden die Mittler zwischen Industrie und Verbraucher. Doch selbst zum Mittler sind neue Wege der Vermittlung erforderlich: Handlungsreisende, Agenten und Vertreter tauchen auf. Berufe, die noch in der zweiten Hälfte des 18. Jahrhunderts so gut wie unbekannt waren.
Die Distribution verästelt sich weiter: Groß- und Einzelhandel teilen sich die Vertriebsarbeit. Der Einzelhandel baut die Methoden der Kundenansprache vor allem im Bercich der optischen Kommunikation aus: Schaufenster, Firmenschilder, einladende Verkaufsräume, Lockartikel, auffällige Warenpräsentation, reiche Auswahl usw. werden zu Attributen eines erfolgreichen Verkaufs.

»Die Entwicklung der Markentechnik geht im Gegensatz zu den Gepflogenheiten des Jahrmarktes von der Ware selbst aus. Der Erfolg des Jahrmarktes hängt vom Blickfang oder von marktschreierischen Anlockungen ab. Während also die Reklamemethoden des Jahrmarktes in einem erstaunlichen Maße unabhängig von der Ware oder sogar der Warengattung sein können, bauen sich die Hilfsmittel des angesessenen Kaufmannes auf der Besonderheit der Ware auf.«
Hans Domizlaff

Entstehung und Eigenheiten der absatzfördernden Verpackung

Die Geburtsstunde des Markenartikels

Wohl niemand, der heute zum Familieneinkauf in die Stadt fährt, wird auf den Gedanken kommen, daß er damit einer recht neuzeitlichen Tätigkeit nachgeht. Noch vor 100 Jahren war die Besorgung von Waren eine hauswirtschaftliche Tugend, bei der ein umfangreicher Wissen- und Erfahrungsschatz zu den wichtigsten Voraussetzungen zählte. Es gab nur spärliche werbliche Informationen, die Beratung beim Handwerker oder Kaufmann oder die Empfehlungen von Bekannten und Verwandten halfen bei der Orientierung, die meist sehr viel Zeit in Anspruch nahm.
Die mit dem 19. Jahrhundert einziehende Gewerbefreiheit ließ zunehmend stationäre Geschäfte entstehen, in denen Waren feilgehalten wurden, die kaum noch an Ort und Stelle produziert worden waren und die auf ein breites Publikum abzielten. Das Zeitalter der Massenproduktion wurde zur Geburtsphase einer ebenfalls auf Menge eingestellten Distribution.
Die Verstädterung der Menschen, die kaum mehr Platz für große Vorräte in den einzelnen Haushalten ließ, begünstigte kürzere Einkaufsintervalle. Die Ware wurde aus Gründen des rationelleren Absatzes, aber auch des besseren Transports in Verkaufseinheiten verpackt und mit einem Garantiesiegel des Herstellers oder Händlers versehen. Das war die Geburtsstunde des Markenartikels.

Um den Absatz der billigeren Massenproduktion zu sichern, war Vertrauen der Käufer in die Zuverlässigkeit und die Preiswürdigkeit der Produkte unabdingbar. Das »Siegel«, das Güteversprechen auf der Packung, war der erste Schritt einer begleitenden Verkaufskommunikation — unabhängig vom jeweiligen Verkäufer.
Fazit: Verpackung setzt Vertrauensvorschuß beim Verbraucher voraus. Diesen Vorschuß muß sich ein Produkt durch Zuverlässigkeit und Preiswürdigkeit verdie-

So sah es um die Jahrhundertwende in den Geschäften der Konsumgenossenschaften aus: Eine große Zahl von Verkäuferinnen wartete hinter der Theke, um die individuellen Kaufwünsche der Kundschaft zu erfüllen. Heute ist es vielfach umgekehrt: Schlangen vor Bedienungstheken sind keine Seltenheit. Fachpersonal wurde knapp.

Dieser Jugendstil-Laden in Bremen wurde unter Denkmalschutz gestellt. Der Inhaber, Rudolf Schwiering, hat sein »Colonialwaren«-Geschäft aus dem Jahr 1903 gegen alle modernen Zeitströmungen verteidigt. Heute schwärmt sein Publikum — vom Verbrauchermarkt-Zeitalter »bedient« — nostalgisch von der »guten alten Zeit« und dem Plausch am Ladentisch.

nen. Der Käufer verzichtet seinerseits auf die vorherige Qualitätsprüfung im Vertrauen auf gleichbleibende Güte.

Vom Schutzkleid zum Kommunikationsmittel

Ursprünglich diente die Verpackung allein dem Schutz der Ware auf ihrem oft beschwerlichen Weg zum Käufer, besser gesagt zum Markt oder Handlungsgewölbe. Der Kaufmann war gezwungen, zur Einhüllung seiner Waren zu nehmen, was er hatte: Leinentücher, Holzkisten und -fässer, Blechschachteln, Leder, Tonkrüge oder Rohrkörbe (spanisch: »canastro«). Der Tabak aus Amerika z. B., der in Rollen in spanischen Rohrkörben verpackt war, hieß bald wie seine Umhüllung: Kanaster. Eine große Handelsware (Ableitungen: Kanister, Kanone usw.) wurde der »Kanaster« oder »Knaster« im 18. und 19. Jahrhundert. Auf den späteren Papierumhüllungen priesen ihn die Händler als »Gesundheits Canaster«. »Zufriedenheits Kanaster« oder als »Jagd Knaster«. Den Phantasie-Kombinationen waren keine Grenzen gezogen.
Schon damals wurde also der »Zusatznutzen«, das mit der Ware gekaufte Prestige, in zugkräftigen Bezeichnungen auf der Umhüllung versprochen. Die einstige zweckbetonte »Warenbekleidung« entwickelte sich zu einem Kommunikationsmittel, das schließlich im Maschinenzeitalter für aufgedruckte Produktbotschaften taugte. Die Sparte der ehemals handwerklich orientierten Packer, Ballenbinder und Waarendiener veränderte sich zur mitproduzierenden Dienstleistungsbranche, der Verpackungsindustrie (Umsatz: über 7 Milliarden DM). Heute werden 98 Prozent aller Produkte für den Verkauf verpackt.

Mit Pappe und Papier fing's an

Mitte des 19. Jahrhunderts entfaltete sich der Rohstoff Pappe und Papier zum idealen Material für industriell vorgefertigte »Verpackung«, ein Wort, das den Manufakturbegriff »Emballage« ablöste. Später gesellen sich Glas, Metall und Kunststoffe dazu.
Mit Pappe und Papier kamen die »Cartons« groß in Mode: »Bei den Putzmacherinnen, Leinwand- und Galanteriehändlern, heißen Cartons die pappenen Kästchen mit Deckeln, worein sie alle feinen Sachen, als Kopfzeuge, Engageanten, Spitzen und anderes kostbares Leinengeräthe legen« (17).
Für Konfekt und Küchenspezialitäten gibt es teilweise recht aufwendig verzierte Spanschachteln. Die Schachtelmacher können über mangelnde Konjunktur nicht klagen. Ihre Produkte aus Pappe, Holz, Blech, Silber und anderen steifen Materialien wurden gleichermaßen vom Apotheker wie vom Hutmacher gebraucht. Ziervolle, ungeheuer luxuriös ausgestattete Dosen halten heute ganze Heerscharen von Sammlern in Atem.

Mit dem Dampfmaschinen-Zeitalter beginnt nicht nur die Massenproduktion von Gütern, auch die Verpackung wird »konfektioniert«. Die patentierten Erfindungen für Pappschachteln sind kaum mehr zu zählen. In den Pappschachtelfabriken wird der von den Papiermühlen angelieferte Rohstoff farbig bedruckt oder gar vergoldet. »Lithographien, handkoloriert sogar, werden als Ornamente auf Handschuh-, Spitzen-, Frucht-, Bonbon- und andere Luxusschachteln geklebt: die Schaufenster, so liest man, werden auf diese Weise zu Bilderläden« (18).

Flaschen und Päckchen mit dem Merk- bzw. Markenzeichen des Herstellers gesellen sich in den Regalen der Kaufleute zu den bislang recht profanen Vorratsbehältern, aus denen in die jahrzehntelang nicht mehr wegzudenkenden braunen Tüten abgefüllt wird. Die »Reklame« der Handelshäuser, die sich vor allem in den vehement wachsenden Großstädten an die anonymen Passanten richtet, entwickelt zunehmend ihren eigenen Stil. Ihre Methoden der Kundenwerbung behalten bis heute ihre Gültigkeit.

Der Handel, der seine neu übernommene Funktion der Distribution von Massengütern — die er bei der Fabrik en gros einkauft und in seinen Geschäften »vereinzelt« — mehr und mehr ausbaut, verfeinert gleichermaßen die Methoden der Kundenansprache und Betreuung.

»Die Mittel, welche er anwendet, sind: Schaufenster, Firmenschilder, Lockartikel, einladend eingerichtete Verkaufsräume, praktische und ansprechende Verpackung der Ware, rasche entgegenkommende Bedienung, Sorge für reichliche Auswahl, Zustellung des Gekauften ins Haus, glatte Erledigung von Beschwerden, Umtausch oder Rücknahme gekaufter Waren, Zugaben und allerlei Nebenleistungen, Rabattmarken, Gewährleistungen für bestimmte Gebrauchszeit, auch wohl Ausnahme- und Sonderverkaufstage, Inventurausverkäufe, seit dem Aufkommen von Warenhäusern die Bereithaltung von Erfrischungsräumen, Lesezimmern u. dgl. Kurz, es läßt sich eine ganze Reihe von Geschäftseinrichtungen namhaft machen, durch welche der Absatz gefördert werden kann, und sie haben seit der Entstehung der Gewerbefreiheit auf den ganzen kaufmännischen Betrieb umgestaltend gewirkt« (19).

Büchers Analyse 1917: »Die Reklame setzt erst ein, wo die Mittel verbesserter Vertriebstechnik nicht ausreichen« (20).

Markengarantie und Festpreise

Werblich gegebene Garantieversprechen erleichtern in beachtlicher Weise den Einkauf — damals wie heute. Das Publikum, per Inserat in den Zeitschriften vorinformiert, fragt in den fortschrittlichen Läden nach Markenartikeln (»...nur echt mit dem weißen Elefant« usw.). Die auffällig gestalteten Produkte verfügen über »vertrauensbildende« Eigenschaften:

Markenartikel, die seit Jahrzehnten ihr Kaufpublikum finden: Schokolade in der Dose fällt immer noch aus dem Rahmen. Der Käufer identifiziert den Zusatznutzen (Koffein zur Aufmunterung) mit diesem Verpackungsmittel.

• Gleiche Verpackungsgröße, gleiche Verpackungsart und -form, gleiche Ausstattung (Farbe, Schriftgrad), gleiche Qualität und schließlich ein einheitlicher Preis zeichnen den Markenartikel aus, der möglichst in vielen Läden zu haben ist.

Schon zuvor hatten clevere Kaufleute ihre Arbeit durch vorkonfektionierte Verkaufseinheiten vereinfacht. »Sie bietet dem Verbraucher die größte Sicherheit, die erprobte Ware zu identifizieren, und damit ist sie ein dokumentarischer Qualitätsbeweis« (21).

Industrie-Unternehmer wie Dr. Oetker oder Henkel bürgen mit ihrem Namen für konstante Produktgüte. Besonders ihre Anstrengungen, in den Geschäften und Kaufhäusern gleiche Preise zu garantieren (Rabatte werden nach Abnahmemengen dem Kaufmann eingeräumt), waren für die zweite Hälfte des 19. Jahrhunderts keineswegs üblich. Hans Domizlaff, der große Markentechniker, vermerkt dazu:

»Die Verkaufseinheit ist ein wesentliches Merkmal einer Ware, die ein blindes Qualitätsvertrauen voraussetzen will. Je kleiner die Zahl der Verkaufseinheiten, desto stärker die Unverkennbarkeit der Markenware.« ... »Es ist noch gar nicht lange her, daß in der Welt der Ladengeschäfte Festpreise eingeführt wurden. Der freie Handel und der Jahrmarkt kennen noch heute selbst für kleinere Massenobjekte die Gepflogenheit des Feilschens, das früher auch in den ortsfesten Verkaufsläden ganz allgemein üblich war.

Ein blindes Vertrauen konnte dabei nicht aufkommen, und der Einkauf selbst nebensächlicher Alltagsware war sehr unbequem und zeitraubend. Erst in der zweiten Hälfte des vorigen Jahrhunderts begannen einzelne Pioniere der Marktreformierung mit der Einführung fester Preise. Es ist bemerkenswert, daß diese grundlegende Wandlung in den Beziehungen von Verkäufer und Käufer ihren Ausgang in den ortsfesten Kaufläden kleinerer Provinzstädte genommen hat« (22).

Erkenntnis: Solange also die Energie beim Verkaufsgespräch vorwiegend für das Ausloten des »richtigen« Preises eingesetzt

Schokoladenverpackung wie zu Kaisers Zeiten: Sprengel verbindet die Assoziation »gute alte Zeit« mit der Nutzenerwartung: Schokolade, die so gut wie damals schmeckt.

Asbach unterstreicht mit dieser Geschenkpakkung für festliche Anlässe Tradition und meisterhafte Weinbrandqualität von ausgereifter Güte.

wird, bildet sich kein Vertrauenskapital beim Kunden. Erst wenn der Preis durch ausreichende Stabilität zweitrangig wird, kann sich die Kommunikation um Problemlösungen drehen: die Ermittlung und Anpassung von Bedürfnis und Angebot.
Was lag seinerzeit also näher, als die gewünschten Sicherheiten für den Käufer (mit dem Ziel des Wiederkaufs) auf die Packung zu drucken oder per Etikett zu kleben?
»Die Odol-Flasche, das Päckchen Dr. Oetkers Backpulver, das Persil-Paket, die würfelförmige Packung Leibniz-Keks: sie alle sind um die Jahrhundertwende stille, aber markante Vorboten eines Zeitalters, das sich später selbst einmal als das ›optische‹ einstufen wird« (23).

Das Etikett — Etikette einer Ware

Welche Gestaltungsmittel aber haben sich im Laufe der Jahrhunderte und Jahrzehnte als besonders sinnvoll erwiesen?
Mit Sicherheit das Etikett, das schon früh als Erkennungs- und Orientierungszeichen fungiert (ähnlich wie die Gütezeichen der Zünfte, der Porzellan-Manufakturen usw., die teilweise von der Obrigkeit verordnet wurden). Beispielsweise im Geld- und Wechselhandel, wo »Etiquetten«, Zettel aus Papier und Pergament, Gewicht, Inhalt und Besitzer vermerkten.
Besonders Tabaketiketten sprechen als frühes Zeugnis von der grafischen, vom Holzschnitt geprägten Kunst der Produkt-

Ohne die Fortschritte auf dem Verpackungssektor keine funktionierende Selbstbedienung. Herta wagte als erste Fleischfabrik eine offene (per Etikett aufgeklebte) Sprache über den Inhalt der Wurst (diese Erläuterung gab bisher der Metzgermeister hinter der Verkaufstheke). Bemerkenswert: Die Sprache benutzt Begriffe, die der Verbraucher versteht. Statt von »Eiweiß« ist von »Fleisch« die Rede, statt »Fett« ist »Speck« angegeben usw.

beschriftung (17. und 18. Jahrhundert). »Der Holzschnitt drängt, durch die Technik bedingt, zu markiger Klarheit und Einfachheit. Palmenbäume, Mohren, Indianer, ein rauchender Neger brachten den Duft der großen weiten Welt in die Bürgerhäuser, in denen man damals den Robinson Crusoe in hunderterlei Versionen verschlang« (24).

Indes, marktschreierische Anpreisungen entsprachen nicht dem Berufsverständnis des ehrbaren Kaufmanns. Die Qualität einer Ware hatte für sich zu sprechen. Dennoch gehörte Produktinformation zu dem exotischen Genußmittel (»gewöhnliches Confekt«) dazu, die Etiketten teilten etwas über die Art der Tabakhandlung mit und waren gleichzeitig warnende Verbotsschilder für die unermüdlichen Nachahmer (»Zur Unterscheidung von solchem nachgemachtem Fabrikat lassen wir künftig unser Handzeichen beidrucken«).

Beachtlich waren die Versuche, die Zielgruppen durch bildliche Darstellungen auf den Etiketten anzusprechen. Vor allem Soldaten wurden als potentielle Kunden mit Vorliebe abgebildet. Zudem war die Papierhülle des Tabaks ein reizvolles Experimentierfeld der Kunst, Käufer anzusprechen (25).

Auch die Produktwerbung per Inserat erlebt ihre ersten Anfänge: In dem »Berlinischen Intelligenz-Blatt« schloß ein langatmiges Inserat mit dem detaillierten Angebot für »Tabaco de Becco« — »ein lieblich, angenehm und gelinder Toback zum rauchen«: »Das Pfund kostet 12 Marck und das halbe Pfund 6 Marck, neu Hamburger Courant-Geld, ist wohl eingemacht, und mit einem Petschafft, worauf ein West-Indisches-Schiff stehet, versiegelt, und kan es weit und breit verschicket werden.«

Eine Verpackung, die Alleinstellung signalisiert; Der »Leibniz«-Keks von Bahlsen war und ist jedem Verbraucher ein Begriff.
Die Anfänge der begleitenden Produktkommunikation: künstlerisch gestaltete Biskuit-Schachteln von Bahlsen (Entwurf: H. Mittag, 1907). Auf diese Weise unterstrich Bahlsen das anspruchsvolle Produktimage.

Einzigartigkeit eines Markenartikels: Die »Odol«-Flasche hat ihre eigenwillige Form bis heute bewahrt.

Abschied vom anonymen Verkauf

Das Thema Lebensmittelkonservierung wurde ebenfalls mit dem heraufziehenden 19. Jahrhundert aktuell. Liebigs Fleisch-Extrakte, Bordens Kondensmilch, Heines Dosenwürstchen und Grünebergs Erbswurst ebneten den Weg zum Markenartikel im Lebensmittelbereich, wo einfallsreiche »Macher« wie Maggi oder Knorr die industrielle Nahrungsmittelversorgung organisierten. Die »Nahrungsmittelkonservierung diente der Versorgung der städtischen Arbeitermassen und war Ausdruck einer veränderten Haus- und Vorratshaltung« (26).

Die Technologie der Verpackung hielt mit den neuen Anforderungen Schritt: die ursprüngliche Bleiverpackung (z.B. beim Tabak) wurde durch das ungiftige Weißblech ersetzt. Die Kreation von Flaschenformen zur besseren Wiedererkennung findet ihren augenfälligen Ausdruck in der »Odol«-Flasche mit dem Seitenhals.

Mit dem Einstieg ins 20. Jahrhundert hatte sich die Konzeption verbürgter Markenqualität für maschinell gefertigte Erzeugnisse schon deutlich durchgesetzt. Echte Marken mußten sich gegen Pseudomarken behaupten, der Kampf mit Mitteln des Wettbewerbsrechts begann.

»Gleichbleibende Qualität zum gleichen Preis« lautete die Devise. Ludwig Roselius, der unter dem Zeichen des roten Herzens den ersten Markenkaffee schuf, ging

Früher wie heute: Ohne die begleitende Kommunikation, die Anwendungsvorteile aufzeigt, bleibt die Ware schlicht abgepackte Verkaufseinheit. Erst die Kommunikation verändert die Verkaufseinheit zum »Produkt«. Einfallsreichtum machte schon im 17. und 18. Jahrhundert aus Tabak »Tabakartikel«: Etiketten — Holzschnittdrucke — waren bereits Blickfänge. Der »Böninger Reiter« ging sogar in die Literatur ein.

Heines Wurstkonserven profitieren von der Verpackungsinnovation.

Nicht mehr rationell genug: die »braune Tüte«, in die »Tante Emma« lose Ware abfüllt. In diesem Verkaufs»system« war der Markenartikel eine wichtige Orientierungshilfe für Käufer und Verkäufer: Er gewährleistete gleiche Qualität in jeder Packung, gleiche Verkaufseinheiten und gleiche Preise

ganz unbremisch ans Werk: »Sehr bald verdankte ich wie viele andere Kaufleute meine Erfolge nicht mehr, wie früher, nur der Persönlichkeit und nicht mehr allein dem energischen Imperativ, sondern in der Hauptsache der Erkenntnis, daß die Massen nur dann gewonnen werden können, wenn es gelingt, ihnen begreiflich zu machen, daß ihnen Vorteile geboten werden, und wenn ihnen die Erlangung dieser Vorteile durch die bewußte organisatorische Anwendung der Propaganda zum Selbstwunsch gemacht wird.« Der Markenartikel war die »konsequente Abkehr vom anonymen Verkauf« (27).

Profil durch Design

Roselius oder Hermann Bahlsen, Fritz Henkel oder Richard Hengstenberg — die Unternehmerpersönlichkeiten mit dem Marken-Faible schworen auf Kontinuität und Unverwechselbarkeit ihrer Produkte: Bahlsen z. B. oder Hengstenberg luden Künstler aus den verschiedenen Richtungen ein, um sich für ihre Produkte alleinstellende Verpackungsmerkmale entwickeln zu lassen. Der »Leibniz-Keks« stach durch seine typische Verpackung (einschließlich dem ägyptischen Zeichen) in

Ohne die Blockpackungen, die direkt bei der Abfüllung geformt und versiegelt werden, wären preiswerte und gut zu handhabende Getränke kaum denkbar.

Schaufenstern und auf Plakaten ins Auge. Das Publikum applaudierte — nicht zuletzt wegen der Frischhaltetechnologie, die ohne Blechbüchsen auskam.

Das Produkt-Design als Profil-Feile: Die Ware von einst hat ihre Bekleidung abgestreift und das typische Gewand angezogen. Brav nach dem Märchen: Kleider machen Leute. In diesem Fall macht das Produkt-Design aus schlichten Produkten Produkt-Persönlichkeiten.

Verpackungs- und Gestaltungskriterien heute

Im Laufe der letzten sieben Jahrzehnte ist die Verpackung in die eigentliche Verkäuferrolle geschlüpft. Das Gespräch über die Produktqualität ist müßig geworden: Das »problemlose« Erzeugnis spricht in der Diktion des Herstellers (mit Ausnahme von Handelsmarken, die in der Regel mit etwas unbeholfenerem »Klempner«-Design ausgestattet werden. Weil eventuell der unmittelbare Wettbewerb fehlt? Schließlich wird kaum eine Filialkette ihre meist preisgünstigeren »Erzeugnisse« aus dem Regal nehmen).

1. Keine Verpackung kann auf inhaltliche Erklärungen verzichten. Im durchrationalisierten SB-Betrieb profitieren vor allem eindeutig positionierte Produkte: Artikel, die von der jeweiligen Zielgruppe für sich ohne Umstand akzeptiert werden. Kinder-Kaugummis, Kartoffel-Püree, Zahncreme

oder Nachtcreme — jeder Artikel muß im Rahmen der Selbstbedienung über Form, Farbe und Wort klar erkennbar sein. Reduzierungen sind möglich, wenn man die Ware (beispielsweise mit Hilfe einer Glas- oder Klarsichtverpackung) »für sich sprechen läßt«. Dennoch wäre es vermessen, von einem hohen Informations- und Aufklärungsstand der Käufer auszugehen. Die Kunden wollen zwar oft nicht fragen, dennoch sich zur Not am Regal und mit Hilfe der Verpackung informieren.

Selbst werbliche Attribute sind immer noch besser als Phantasienamen und Simpel-Bezeichnungen auf schmalen Etiketten. So sagt zum Beispiel »Concordia Apfelmus« nur sehr wenig aus. »Rheinisches Apfelmus, ohne Zusätze und wenig gesüßt« wirkt negativ. »Tafelkrone — Beste Apfelmus-Qualität für zahlreiche Eßgenüsse« klingt schon besser.

2. Der Gesetzgeber zieht die Vorschriften zur Deklaration und zur Kennzeichnung immer enger. Das neue Lebensmittelrecht hat verschiedene Bezeichnungen schlichtweg abgeschmettert. So darf z. B. das Wort »naturrein« nicht mehr benutzt werden.

3. Mehrstück- und Sammelpackungen haben nur bei echten Preisvorteilen einen Sinn.

Extrem einer modernen Verpackung: kalorienarmes Bratfett aus der Sprühdose.

4. Der Mut zur Farbe ist oft der erste Schritt zum Markenerfolg, wie das Beispiel »Ritter Sport« zeigt.

5. Durch Farbassoziationen werden Verbraucherwünsche wach. Dennoch sollte man das Kunterbunte eines Selbstbedienungsregals nicht aus dem Auge verlieren.

6. Je größer die Bequemlichkeit, die eine Verpackung verspricht, desto günstiger die Absatzchancen. Der Mensch ist bereit, bis zu 30 Prozent mehr für ein Produkt auszugeben, das in Aufmachung und Ausstattung für solche Annehmlichkeit bürgt.

7. Praktisch geht vor schön, appetitlich vor teuer.

8. Viele Packungen werden »ohne den Wirt«, sprich den Kaufmann, gemacht. Zwar wird viel Phantasie zur Haltbarkeit und zur Inhaltsverbesserung aufgebracht, die Wünsche des Lebensmitteleinzelhandels z. B. kommen aber immer noch zu kurz. Es gibt weiterhin zu viele Artikel von einem Produkt (sinnlose Gewichtaufteilungen) oder zu klobige. Nur wenige Packungsdesigner denken darüber nach, daß in der Regel Regaltiefe und nicht Regalbreite gewünscht wird.

9. Ärger bereiten den Verkäufern zu extravagante Formen, da sie meist trotz engster Plazierung »Luftlöcher« bilden.

10. Die Entwicklung der SB-gerechten Verpackung lehrt, daß trotz aller Rationalisierung das Gespräch über das Produkt nicht versiegt. Auf die verschiedenen Ebenen und Ausdrucksformen verlagert,

Die »Apollo«-Verpackung (1977) will mehr Produktargumentation in den durch Preisaktionen »verhauenen« Waschmittelmarkt bringen. Die »Kraftkurven« sollen die Hausfrau über die Wirkungsentfaltung des neukonzipierten (und damit nicht mehr »homogenen«) Waschmittels aufklären.

wird auch in Zukunft eine Art Frage-und-Antwort-Spiel jeder Kaufentscheidung vorausgehen. Maßgeblichen Einfluß auf die Entscheidung am Regal wird der Markencharakter eines Produktes nehmen.

Nicht unbedingt das astronautische Superdesign, sondern die optisch unterstrichene Kontinuität reizen zum Wiederkauf, letztlich also die Gewißheit, mit einem Markenartikel die Zufriedenheit vom letztenmal wieder zu erwerben.

Das Gespräch an der Verkaufstheke ist beim Verkauf von Frischware nicht wegzudenken.

»Wenn wir von der Marke sprechen, meinen wir nicht einfach einen Namen oder ein Etikett, sondern ein schöpferisch entwickeltes, angemessen beworbenes und durch Verkaufsförderung stark unterstütztes Produkt, das einen für den Verbraucher erkennbaren Wert besitzt, der ihn veranlassen soll, gerade dieses Produkt zu wählen, wenn er es beim Einkaufen in einem Regal stehen sieht.«   James O. Peckham

Die begleitende Produkt-Kommunikation und ihre visuelle Umsetzung

Ohne das Gespräch — darin sind sich die Experten einig — wird auch im Zeitalter der Selbstbedienung kein Produkt verkauft. Das Verkaufsgespräch unterliegt im Gegensatz etwa zu einer Werbekampagne anderen Gesetzmäßigkeiten. Beim Austausch der Informationen am Verkaufspunkt steht das Ziel des Anbieters im Vordergrund, eine Kaufentscheidung unmittelbar im Anschluß an den Dialog herbeizuführen. Insofern bleibt selbst beim bedienungslosen Verkaufen der persönliche Einsatz des Anbieters von entscheidender Bedeutung. Seine Vorschläge sollen auch weiterhin einen möglichst individuellen, d. h. zielgruppengerechten Zuschnitt haben. Zwar fungiert der Verkäufer in den SB-Märkten meist nur noch als Berater, trotzdem bleibt kommunikative Verkaufstechnik auch in Zukunft unabdingbar. Das »Gespräch« wird dabei von stummen, also gedruckten, geschriebenen oder bildlichen Werbemitteln übernommen. Für die Auslösung des Kaufvorgangs sorgt ein Bündel von Maßnahmen, die alle auf das auslösende »Klick« beim Käufer warten.

Die Rolle des Verkaufs

Ohne eine kommunikative Betreuung der Produkte ist jedes Marketing sinnlos, da insbesonders vergleichbare (homogene) Erzeugnisse dann nur noch der Zufallsdistribution unterliegen würden. Der Verkauf spielt somit eine eigenständige Rolle im Gesamtmarketing eines Produkts. Sie wird im Idealfall von psychologisch trainierten Spezialisten übernommen.
»Das Verhältnis von Marketing und Ver-

Der Handel als Partner von Industrie und Verbraucher: Ohne Beratung ist der Kunde besonders bei Spezialitäten vielfach überfordert. Shop-in-the-shop unterstreicht den Expertencharakter auch optisch.

kauf kann mit der Gewaltenteilung innerhalb eines Staates verglichen werden. Das Marketing nimmt dabei die Stellung der Legislative, d. h. der gesetzgebenden Macht, ein, während der Verkauf die Exekutive, d. h. die vollstreckende Gewalt, repräsentiert.« Mit diesem Vergleich weist Helmut Grünwald auf die ausführende Funktion des Verkaufs hin (28).

Nach Grünwald ist der Verkauf »das letzte Glied in der langen Kette von Stationen, die ein Erzeugnis auf seinem Weg von der Produktion bis in die Hand des Verbrauchers durchläuft« (29).

Zwar wird in verschiedenen Fällen der Verkauf in Eigenregie durch die Industrie (im Direktvertrieb) übernommen — und damit der Handel in seiner Funktion als eigenständiger Absatzmittler umgangen —, dennoch sind diese Vertriebssysteme ebenfalls nicht ohne entsprechend geschultes Verkaufspersonal erfolgreich (Beispiel Avon und das System der Schönheitsberaterinnen). Auch der Vertriebsweg über Automaten bleibt ohne Verkaufsexperten (oft werden sie in Kooperation mit Einzelhändlern oder Gastronomen bedient) relativ mühselig.

Bei starker Verbraucherwerbung und entsprechend ausgefeiltem Image genügt oft nur ein kurzer Anstoß zur Erinnerung — und damit zum Kauf. Bei weitgehend konformem Angebot muß Verkaufsförderung flankierend eingreifen. Das Verkaufsgespräch als Fortsetzung der Werbung besteht hier nur aus drei Worten und drei Punkten. Zum stummen Angebot gehört oft auch die knappe Erklärung: Der Aufstecker erläutert, wie »Bi-Fi« geöffnet wird.

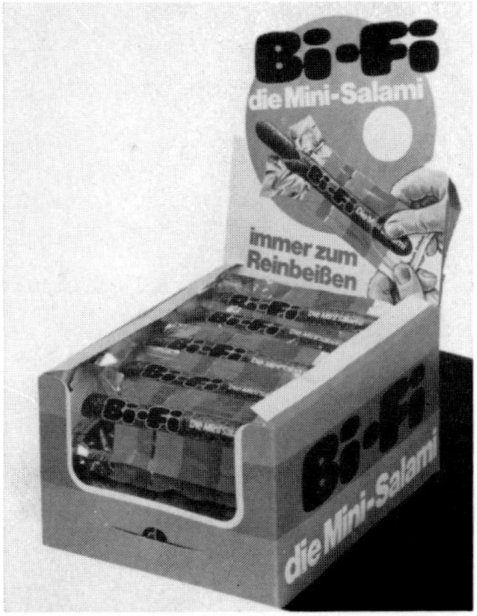

Der Handel im Expertenkleid

Daraus folgt, daß der indirekte Absatz über den Dienstleistungskanal des Handels die rationellste Form des Industrieabsatzes ist. Zumal der Käufer die Serviceleistung des Verkaufs durch den um die Handelsspanne aufgebesserten Preis berappt.
Der Handel, der sich tagtäglich mit den Käufern und ihren Wünschen auseinandersetzt, schlüpft auf diese Weise in das Expertenkleid. Seine Organisationsfähigkeit und Leistungsbereitschaft (zwischen dem Ordern der Ware und der Weitergabe an den Kunden) entlastet die Industrie bei der Vermarktung ihrer Produkte. Seine Kontaktfreudigkeit, sein Geschick im Umgang mit der Kundschaft, seine Methoden der Ansprache, seine Angebotspolitik und sein Rückgrat gegenüber Mitkonkurrenten und der Industrie bedingen seine Wettbewerbsfähigkeit.

Nicht nur nackte Fakten

Daß sich das Verkaufsgespräch der Experten in seiner weitgefaßten Bedeutung nicht allein auf die bloße Übermittlung von Fakten beschränkt, sondern ebenso den Zusatznutzen (und nicht allein den Preisvorteil) ins rechte Licht rückt, ist für die Verbraucher sicherlich unbewußt eine Selbstverständlichkeit. Dennoch wird gerade bei der Warenpräsentation und der Verkaufsförderung, aber auch beim Eingehen auf Verbraucherwünsche beträchtlich gesündigt. So konstatieren Hermann Sieberts und Friedrich Wagener eindeutige Kommunikationsdefizite:
»Wer die Marketingkonzeptionen von Industrie und Handelsunternehmen kritisch analysiert, erkennt, daß diese weitgehend auf unzureichenden Informationen über tatsächliche Verbraucherwünsche basieren. Solch mangelhafte Kenntnis von dem, was gefordert wird und dann auch zu verkaufen ist, wird zusätzlich durch ein staatlich gelenktes und gefördertes Programm der Konsumentenbeeinflussung festgeschrieben. Hier geht es immer nur um Rationali-

Verkäufer als »Pappkameraden«: Sie ersetzen das Werbefräulein und das mündliche Verkaufsgespräch. Die Botschaft des Angebots erscheint als Comics-Sprechblase.

tät, um Aufklärung über niedrigste Preise, nicht aber um die besten Einkaufsmöglichkeiten. Diese sind dort gegeben, wo der Konsument das, was er in seiner jeweiligen Lebenssituation und angesichts seiner finanziellen Möglichkeiten kaufen möchte, sich leisten kann« (30).

Gesellschaftliche Aufgabe

In dieser Aussage spiegelt sich die Erwartungshaltung einer industriell geprägten Gesellschaft wider, die sich im Rahmen ihres Massenkonsums auf die verpackten Qualitäten, ihre Anwendungsmöglichkeiten und ihren Convenience-Charakter — »eingebaute Dienstleistung« (31) — verlassen will. Auf diese Weise wird der Verkaufsvorgang zu einem öffentlichen Prozeß, bei dem wichtige Versorgungsfunktionen für den physischen, aber auch psychischen Erhalt der Gesellschaft erfüllt werden. Entsprechend erhält die Verkaufskommunikation einen öffentlichen Charakter und somit eine gesamtgesellschaftliche Bedeutung. Wie ernst solche Aufgaben genommen werden, unterstreicht die Unternehmensphilosophie der Deutschen Supermarkt Handels-GmbH:

- Den Bedürfnissen der Verbraucher im Überfluß der angebotenen Waren heute und morgen gerecht zu werden,
- die Wünsche nach neuzeitlich hygienischer Warendarbietung zu erfüllen,
- steigenden Service im Angebot von Waren- und Dienstleistungen zu bieten,
- Problemlösungen unter dem Zwang des gesellschaftlichen Aufstiegs zu zeigen,
- immer jedoch unter Berücksichtigung der klaren Forderung des Kunden, daß diese Erwartungen nicht zu überteuerten Angeboten führen,
- das macht die volkswirtschaftliche Verantwortung progressiven Handelsmarketings bewußt (32).

Die daraus abgeleitete und an der Sortimentsforschung orientierte Leitlinie des DS-Verkaufs heißt:

»Zur richtigen Zeit die richtigen Waren in der richtigen Menge am richtigen Platz zum richtigen Preis mit dem richtigen, atmospäregeladenen ›show business‹ zu präsentieren«.

Fazit: Der Erfolg des Verkaufens hängt trotz SB-Fortschritt weiterhin vom persönlichen (wenn auch modifizierten) Einsatz des Verkäufers ab. Umgekehrt verlangt der Kunde heute nicht nur »Ware«. Er möchte ein Markenprodukt und die damit eingepackte Dienstleistung möglichst zum günstigsten Preis erwerben.

Warenpräsentation und Verkaufsförderung werden zum »show business«; das

auch gesellschaftlich bedeutsame Verkaufsgespräch wird auf »atmosphärische« — also mehr auf optische — Hilfsmittel und Signale verlagert.
Das Einkaufserlebnis erhält neue Dimensionen, in der die Verkaufsförderung wichtige Schlüsselfunktionen übernimmt. Die Verkaufsförderung selbst lebt von optisch einprägsam gestalteten, auf den Verkaufserfolg abzielenden Werbemitteln.

Die Kommunikationsmittel der Verkaufsförderung

Mit dem hohen Grad der Selbstbedienung und dem technologischen Fortschritt der Verpackung entwickelten sich neue Kommunikationsformen am Ort des Verkaufs (Verkaufspunkt). Wachsende Sortimente, weniger gut geschultes Personal wie auch die veränderten Einkaufsgewohnheiten (weniger Zeit, Ladenschluß, Großeinkauf am Wochenende, Bedarfseinkäufe im Nachbarschaftsgeschäft) ließen die Verkaufsförderung in relativ kurzer Zeit zu einem Marketinginstrument mit eigenwilliger Bedienungsanleitung werden.
Der unmittelbare Einfluß des Verkäufers im Geschäft beschränkt sich allein noch auf die Bedienungsabteilungen. Die eher dienende Funktion mit Aufbau, Nachfüllen und Ordern von Ware rückt in den Vordergrund — gewiß auch mit der nicht zu unterschätzenden Gefahr eines zunehmend unpersönlichen Einkaufs der Kunden.

Nur wer seine Ware optimal präsentiert, ist König bei König Kunde. Lediglich solche SB-Geschäfte sind erfolgreich, die zusätzliche, personalunabhängige Maßnahmen ergreifen, um die fehlende persönliche Kundenansprache zu kompensieren. Die Verkaufsförderung, die sich auf den Vorgang des Abverkaufs — entweder aus dem Regal oder aus der Sonderplazierung heraus — konzentriert (und sich daher unmittelbar an die Käufer richtet), wirkt somit auf die entscheidende Etappe des Verkaufsweges.

Zu 80 Prozent kauft das Auge

Untersuchungen haben gezeigt, daß der Kaufanreiz zu 80 Prozent über das Auge ausgelöst wird. Der optische Reiz, der von einer Ware ausgeht, ist somit der entscheidende Auslöser für einen Kauf.
Erkenntnis: Der Impulskauf ist der Umsatzbringer im SB-Geschäft, die Ware »am Wegesrand« ersetzt den Einkaufszettel. Nur drei von zehn Hausfrauen, die ein Geschäft betreten, kaufen noch nach einem »Spickzettel«.

Latente Kaufbereitschaft wecken

Die latente Kaufbereitschaft, die der Kunde in ein Warenhaus oder SB-Geschäft mitbringt, muß auf diese multiplizierende Weise geweckt werden. Der Käufer findet im Regal mehrere konkurrierende Marken. In dieser Situation entscheidet sich, wie stark das Image einer Marke ausge-

Die klassische Probierwerbung an der Fleischtheke.

prägt ist — sowohl im Blick auf die (bereits erfahrene oder versprochene) Qualität wie auf die Preiswürdigkeit eines Angebots (nicht gleichzusetzen mit Billigkeit). Die erfolgreiche Verkaufsförderung setzt in einem solchen Augenblick flankierend ein. Sie hilft dem Käufer die Entscheidung (zugunsten des so umworbenen Produkts) zu fällen.

Hinweise auf Sonderangebote, Preisausschreiben usw. verdichten den Kaufimpuls. Das Instrumentarium des Handels hat sich im Laufe der Zeit auf folgende Maßnahmen am Point of Sale konzentriert:

- Aktionsrabatte: vorübergehende Senkung des Verkaufspreises (begünstigt durch die Rabatte der Industrie).
- Zweitplazierungen: zusätzlicher Warenaufbau im Geschäft, der entweder Preisaktionen unterstützt oder ein Produkt — etwa im Rahmen einer Verbundplazierung — besonders herausstellt.
- Verkaufshelfer: Displays (Fensterfriese, -streifen und -plakate, Ladenplakate, Hinweispfeile, Regalstopper, Aufkleber, Mobiles usw.), Schütten, Ständer, Körbe, Wühltische, Regaleinhänger, Paletten, Shop-in-the-shop usw.

Darüber hinaus:

- Preisausschreiben, Verlosungen, Warenproben-Verteilung, Kostproben-Verteilung, Ausschank.
- Industrie-Promotions (meist in enger Koordination mit dem Hersteller oder dem liefernden Großhändler).

Entscheidend für den »Weckruf« ist die Hervorhebung aus der Masse der Artikel (obwohl andererseits Sonderangebote nur als Massenangebote wirksam sind!): Nicht jeder Artikel kann besonders herausgestellt werden. Erst Selektion und Konzeption führen mit dem Ziel der Konzentration zum Erfolg — zum Kauf.

Der Käufer schätzt es, daß er im Selbstbedienungsgeschäft ungestört kaufen kann. Ob er unbeeinflußt kauft bzw. kaufen will, ist fast schon eine Glaubensfrage. Mit Sicherheit sucht er zunehmend wieder »Atmosphäre« im Verkaufsraum. Der Einkauf im Supermagazin dient mehr und mehr dem Vorratskauf, bei dem man physische Anstrengungen gerne »in Kauf nimmt«. Doch niemand mag ständig im »Barackenklima« einkaufen. Einmal im Monat oder in der Woche genügt. Menschliche Nähe ist wieder gefragt. Nicht von ungefähr erlebt deshalb der »Tante-Emma-Laden« derzeit nostalgische Verehrung.

Vom Schaufenster bis zum Kassenangebot

Konkret bedeutet diese Beobachtung, daß nicht nur die Ware im Geschäft den Kauf auslösen muß, der Laden muß ebenso von außen her »Atmosphäre« oder wenigstens Preisattraktivität signalisieren.

Bereits die Optik einer Fassade oder eines Schaufensters muß auf den Gesamtcharakter des internen Warenangebots hinweisen (und entsprechend abgestimmt sein). Ein Discounter benötigt zum Beispiel keine Warenvitrinen; er profitiert allein vom Umsatz, ausgelöst durch überdimensionale Preisangebote (Fensterplakate, Anzeigen in der Tagespresse). Andererseits wird ein Delikatessengeschäft in den seltensten Fällen in seinem Schaufenster mit eintönigen Konserven oder gar mit »austauschbaren« Massenprodukten brillieren können. Denn: Aus dem Erscheinungsbild zieht der Käufer Schlüsse auf den Charakter und die

Eine originelle Lösung der Probierwerbung bei »stummen« Verkäufern: Marke, Nutzenversprechen und die Aufforderung zum Zugreifen (Kostproben als eigenes Probierpaket) gut aufeinander abgestimmt.

Das Schaufenster als Visitenkarte: Der harte Preiswettkampf prägt die Kundenwerbung der Supermärkte. Die Zahl dominiert, der Pfeil fordert zum Eintreten auf.

Leistungsfähigkeit des Geschäftes, seine Marktbedeutung und die Qualität der angebotenen Ware.

Auch das Sonderangebot muß in das Gesamtbild passen. Der Verkäufer sollte die Impulswirkung sorgfältig anhand von vier Merkpunkten abwägen:

- Beschaffenheit des Artikels
- Art und Weise der Plazierung
- Werbliche Ausstattung
- Dauer der Präsentation.

Impulse gehen nicht allein von radikal reduzierten Waren aus, auch Frischwaren, Modeartikel und Zusatzplazierungen in der Kassenzone wirken »impulsiv«.

Vom Schaufenster bis zum Kassenangebot wiederholt sich dabei das kommunikative Spiel. Das optisch ins Blickfeld gerückte Verkaufsgespräch läuft dabei in mehreren Phasen ab:

1. Die Aufmerksamkeitsphase
2. Die Angebotsphase
3. Die Überzeugungsphase
4. Die Bestärkungsphase.

Dieser (optische oder akustische) Gesprächsablauf wird vom Verkäufer meist nur noch instinktiv gesteuert. Für den Erfolg einer Verkaufsförderungskonzeption ist jedoch die peinlich ausgelotete Gesprächsregie unerläßlich. Sie muß sich je nach Verkaufsziel ihrer dosierten Instrumente bedienen.

Die typische Fassade vom Discounter Aldi, der nicht nur zum Sparen einlädt, sondern auch selber mit äußerst sparsamen grafischen Mitteln arbeitet.

1. Aufmerksamkeit schaffen

Es empfiehlt sich, zunächst auf die Bandbreite dieser Möglichkeiten einzugehen, um später einzelne Kommunikationsmittel mit anschaulichen Beispielen zu charakterisieren.

In der ersten Phase der Verkaufsförderung, der »Anwärmphase«, trumpft die Angebotswerbung mit ihren vielfältigen Möglichkeiten der Blickfänge, Schaufensterdekorationen, Fassadengestaltung sowie der Ladenausstattung auf.

Das *Schaufenster* als weit wahrnehmbares Signal: Hier ist ein Geschäft, das entweder preisgünstig verkauft oder meine speziellen Wünsche erfüllt.

Schaufensterplakate mit Hinweisen auf Sonderangebote unterstreichen die »Dynamik« eines Ladens. Beispiel Aldi: Abgesehen von der spartanischen Straßenfront hängen maximal zwei bis drei »Preisknüller« per Schaufensterplakat im Fenster. Signal für den Verbraucher: Beim billigen Aldi diesmal besonders günstig ... Produkt X, Y, Z.

Schaufensterfriese oder -streifen verdeutlichen eine laufende, umfassende Aktion, die augenblicklich im Geschäft durchgeführt wird, zum Beispiel die Edeka-Glückswirbel-Aktion. Sie bedeutet dem Kunden: Hier gibt es etwas zu gewinnen oder eine große Auswahl besonders günstiger oder wertvoller Produkte. Oder: Jetzt ist Sommerschlußverkauf.

Regalstopper unterbrechen die Monotonie der Regalmeter (und damit den Kundenlauf im Laden), um auf eine Besonderheit im Regal hinzuweisen.

Deckenhänger stellen ein Geschäft unter ein Motto, das im Rahmen einer Verbundaktion (= Promotion mehrerer Produkte,

Sonderplazierungen unterbrechen die Gleichförmigkeit der Regale. Der »Weckruf« an den Käufer ist in diesem Fall ein Preisausschreiben, mit dem ein neues Produkt vorgestellt wird.

die zu einem Thema passen) besondere Akzente setzt.
Lichtstrahler, Leuchtschrift, Blitzlichter in und außerhalb des Geschäfts sind reine »Augenfänger« (»eye catcher«). Das Auge wird durch Reflexe gereizt und gelenkt. *Stolper- und Sonderplazierungen* (vor dem Geschäft oder in den Gängen zwischen den Wühltischen oder Gondeln) ziehen Kunden magnetisch an: Etwas Besonderes macht von sich reden.

2. Das Angebot

Diese Aufzählung kann und will nicht vollständig sein, da gerade beim Angebot die Mischformen aus akustischem und optischem Verkaufsgespräch — beispielsweise bei Frischwaren, Gebrauchsartikeln (die erklärungsbedürftig geblieben sind) oder Spezialitäten (die noch verhältnismäßig unbekannt sind) — gang und gäbe sind. Dennoch auch hier einige Spielarten:
Der *Sonderstand* (mit einer Werbedame) fordert den Käufer direkt auf, eine Kostprobe zu nehmen. Allerdings wird seine Wirksamkeit heute von vielen Markenartiklern und Promotions-Profis bezweifelt, da bei zu kleveren Propagandistinnen die Kunden häufig keinen Widerspruch wagen, sich ein Produkt in den Einkaufskorb packen lassen, es aber nach der nächsten Biegung wieder in einer Ecke ablegen.
Die *Kostprobe* an der Bedienungstheke ist da wesentlich wirksamer: Sie verlangt nicht unbedingt vom Kunden eine zustimmende Annahme, sondern dient eher zur Prüfung der Qualität.
Die *Warenprobe,* ein von der Industrie verpacktes Kleingebinde, mit dem unbekannte Produkte publik gemacht werden sollen, wirkt dagegen unaufdringlich, vor allem, wenn sie während des Kaufs zugegeben wird. Der Käufer kann zu Hause ungestört (und ohne »moralischen Zwang« zum Kauf) probieren.
Die besondere Offerte (Produktneuheit, Preisschlager usw.) wird durch Displays (besondere Warenträger, kommunikative »Begleitmusik«) unterstützt — in der Vergangenheit noch zu sehr unter dem Gesichtspunkt der Wiederholung der Verbraucherwerbung. Effekt: Der Handel rebellierte gegen die »schönen Pappen«, die keine Funktion haben und lediglich Platz wegnahmen. Inzwischen haben sowohl die Industrie und die Agenturwelt wie auch der Handel dazugelernt: Die kommunikative Begleitung der Produkte wurde auf wesentliche Funktionen reduziert (oft schon wieder völlig dem Handel überlassen).
Die besondere Offerte behält deswegen weiterhin ihre Gültigkeit und wird bei Industrie-Promotions gerne mit aktionsbezogenen Aufstellern und Hinweisen versehen. Moderne Aktionsdisplays — so ergaben Untersuchungen — verstärken nicht nur die Aufmerksamkeit, sondern auch den Kaufimpuls, da sie zum Prüfen (Anfassen) animieren (oder animieren sollten).

3. Die Überzeugungsphase

Diese Phase, die sich im Verkaufsgespräch mit der überreichten Kostprobe anbahnt, hat sich durch die Fortschritte auf dem Verpackungssektor zusehends in den häuslichen Bereich des Käufers verlagert. Die Möglichkeiten der Verkaufsförderung sind in dieser Etappe begrenzt. Hier muß die klassische Werbung wieder einhaken. Lediglich die Produkt-Ausstattung (mit Gebrauchsanweisung, Rezept-Hinweisen usw.) hat noch eine begrenzte Einflußmöglichkeit. Im übrigen wird sich die Frage, ob ein Produkt die Überzeugungsphase erfolgreich bestanden hat, mit der Höhe des Wiederkaufs beantworten lassen.

Die Wiederkaufquote kann sicherlich durch die Wiederholung von Verkaufsaktionen begünstigt werden. Allerdings bewegt sich die Verkaufsförderung hier noch auf einem weithin unbestellten Feld.

4. Bestärkung durch Qualität und Kundenkontakt

Bei allem Convenience-Fortschritt bleiben viele Produkte auch in den nächsten Jahrzehnten erklärungsbedürftig: ein modisches Kleid, kombiniert mit der fachlichen Beratung, zu welchen Gelegenheiten es zu tragen ist; ein Frischeartikel, der sich für ein bestimmtes Menü eignet und nach dessen Gelingen der gute Verkäufer beim nächstenmal aufmerksam fragt; eine Preisaktion, die bei nächster Gelegenheit wiederholt wird, »wenn wieder ein günstiges Angebot eingetroffen ist« — diese und ähnliche Beispiele demonstrieren, daß sich das Verkaufsgespräch nicht mit der Einnahme des Kaufpreises erschöpft. Die Verkaufsförderung im direkten Gespräch zwischen Verkäufer und Kunden muß sich auch mit der Frage beschäftigen, ob ein Käufer mit dem bezogenen Produkt zufrieden war. Nur so ist auf einfachste Weise das für eine Kommunikation unentbehrliche Feedback (die »Rückkoppelung«) zu erreichen. Praktisch die Verkaufskontrolle. Das mündliche Feedback erlaubt fraglos eine schnellere Steuerung der Warendisposition und der Angebotspolitik. Objektiver sind die Abverkaufszahlen, ohne die ein moderner Markt bzw. ein modernes Warenhaus nicht konkurrenzfähig bleiben kann. Gewiß: Auch bei den Großunternehmen des Handels dient das mündliche Feedback der »atmosphärischen« Orientierung — ob eine Aktion ankam, ob die Qualität eines Produktes zufriedenstellt, ob sich schließlich der Einsatz am Point of Sale gelohnt hat.

Markenzeichen und Ladenausstattung bilden beim Kaffee-Direktverkäufer Tchibo eine Einheit.

4711 und Kölnisch Wasser — man vermutet hinter dieser Fassade zu Recht eine Parfümerie bzw. Drogerie.

»Ein Verkäufer kann viele Minuten und nötigenfalls Stunden aufbringen, um bei einem Kunden mit seinen Argumenten zum Erfolg zu kommen. Ein Werbemittel muß häufig bereits in einer Sekunde entzünden bzw. einen verlockenden Eindruck machen. Diese Zeit reicht im Höchstfalle für ein einziges sachliches Argument aus, und auch hierbei spielt in der Erinnerung der Stil eine größere Rolle als der Inhalt.« Hans Domizlaff

Signale, Farben und Ausstattung – Psychologische Hintergründe, kommunikative Wirkungen

Die Beschäftigung mit der Psyche der Verbraucher führt geradewegs in ein Dickicht von Erfahrungen und Mutmaßungen. Wieviel Papier wurde schon in den letzten Jahrzehnten beschrieben, um beispielsweise der »Psychologie der Massen« (Gustave Le Bon machte 1895 den Anfang) auf den Grund zu schauen.
Von Trieben und Instinkten ist die Rede, von eher tierischen Eigenschaften, die sich mit dem abstrakten Begriff der Psyche oder der Seele (im christlich-abendländischen Sinn) kaum vertragen. Moralische, ethische und schließlich geheimwissenschaftliche Aspekte schwingen mit, wenn von der Verführbarkeit der »Massen« die Rede ist.
Auch Markentechniker Hans Domizlaff ging auf das Glatteis der Massenpsychologie und versuchte eine Konstruktion zu verankern, die zwischen Massenpsyche und Individualpsyche unterschied und die es jeweils zu bearbeiten gilt, will man den Erfolg einer Marke gewährleisten.

Warnung vor »magischen Verführungskünsten«

Gewiß zählen psychologische Erfahrungswerte (als Grundlage für neue Werbekampagnen) zum Handwerkszeug eines jeden Werbeprofis. Allerdings sollte sich der Praktiker davor hüten, daraus magische Verführungskünste abzuleiten, die er noch Generationen weitervererben kann.

In Großbuchstaben — ebenfalls kombiniert mit einem Markenzeichen — wird hier eine Einkaufsstätte für Fotomaterial und -zubehör signalisiert.

Fassade und Schaufenster sind beim Discounter Penny (mit Frischwaren) bewußt sachlich gehalten. Billig steht eindeutig im Vordergrund. »Atmosphäre« wird kleingeschrieben.

Auch diese »Bunker-Fassade« des aggressiv kalkulierenden Massa-Marktes »funkt« Signale auf die Käuferschaft: In diesem Magazin lohnt der Einkauf mit dem Kofferraum. Auf Fassade wird kein Wert gelegt.

Werbung spricht zweifelsfrei Empfindungen eines Menschen an, und diese Empfindungen bleiben auch in der Menge (nicht »Masse«) die gleichen: Eine Illustriertenanzeige, die in der vollbesetzten U-Bahn gelesen wird, wirkt dank ihrer kommunikativen Reize dort genauso wie in der beschaulichen Umgebung des häuslichen Wohnzimmers.
Skepsis ist geboten, wenn immer wieder von werblicher »Verführung« die Rede ist, da das Wort »Verführung« Unmündigkeit beim Gegenüber unterstellt, Unreife bei der Zielperson voraussetzt. Dabei ist durch Untersuchungen bewiesen, daß für bestimmte Sachkenntnisse keine besonderen Reifegrade notwendig sind. Auch Jugendliche sind in bestimmten Konsumfragen echte Meinungsführer und können ihre Eltern sehr wohl in der Kaufentscheidung beeinflussen.

Magie nein, Faszination ja

Merkpunkt:

- Jeder Werbefachmann tut sich selbst den größten Gefallen, wenn er nicht an Magie (also an Unergründliches), sondern an Faszination (an Nachvollziehbares) glaubt, wenn er nicht von »Masse«, sondern von »Menge« spricht, wenn er von Appellen und Reizen ausgeht und nicht von »Verführern« oder gar »geheimen Verführern« — und zwangsläufig die Botschaftsempfänger (Rezipienten) im Kommunikationsprozeß als »zu Verführende« einstuft.

Das größte Verdienst der Kommunika-

Im Lebensmitteleinzelhandel dominieren Farbtöne Hell bis Weiß. Co-op kommt mit seiner Farbkombination Blau-Weiß (Rot-Weiß) den Assoziationen der Verbraucher (= günstiger, nüchterner Einkaufsort) laut Frielings Erfahrungswerten ziemlich nahe.

Weiße Flächen lassen Fleisch und Wurst besonders gut wirken.

Vor weißem bis grauem Hintergrund wirken farbig konzipierte Produkte und Displays besonders gut. Allerdings — sobald ein Produkt im Regal steht, muß es trotz der Buntheit der zahllosen Produkte auffallen. Unifarbene Verpackung und kontrastreiche Etiketten sind ein gelungener Ausweg.

Zwei Beispiele, wie zusätzlich eingesetzte Materialien wie Holz, Dekorationen usw. Atmosphäre schaffen.

Handgeschriebene Plakate haben eine um rund 44 Prozent höhere Abverkaufschance.

tionswissenschaft ist die Entzauberung des »Verführungswahns«. Sie stellt vielmehr den Regelmechanismus von Botschaft und Antwort (Rückkoppelung oder Feedback) in den Mittelpunkt:
Person X hat etwas zu sagen und trifft Person Y, die auf die Botschaft von X positiv reagiert: X und Y kommunizieren. Denn auch Y hat etwas auf die Botschaft von X zu sagen, so lange, bis das Thema erschöpfend behandelt ist.

Wann Kommunikation möglich wird

Die Voraussetzung, daß diese Kommunikation zustande kommt, ist die Erwartungshaltung von Y, d. h. die »Gegenwelt«, die sich Y (nach Otto Groth) von seiner Umwelt macht. Wenn ein Thema in diese persönliche Gegenwelt paßt, wird Kommunikation möglich — über das Wetter, über die Politik oder über ein neues Produkt.
Wer einmal diesen Grundmechanismus als wesentlich akzeptiert, wird über »Verführungstechniken« schmunzeln. Sie entsprechen höchstens Erfahrungswerten à la Casanova — mehr nicht.
Daraus Methodik abzuleiten, halte ich für höchst bedenklich. Es sei denn, man einigt sich darauf, daß bestimmte Überredungstechniken wiederholbar sind, weil sich Erwartungshaltungen beispielsweise beim Käuferpublikum wiederholen können.
Es ist ohne Frage sehr kurzweilig, Regeln à la »Wie verführe ich eine Frau (oder einen Mann)?« in immer neuen Spielarten aufzustellen. Andererseits taugen Erkenntnisse der Motivforschung im günstigsten Fall als Anhaltspunkte, als Ergebnis bekannter (= gemeinsam erlebter) Erfahrungen, die jedoch auf individuelle Fälle selten wieder anwendbar sind.
So ist etwa auf die psychologische Farblehre als Anwendungskatalog kaum Verlaß, da jeder Mensch seinen eigenen Erfahrungskosmos pflegt, in den auch Farbassoziationen einbezogen sind. Was in diese subjektive Gegenwelt (im Gegensatz zur objektiven Wirklichkeit) hineinpaßt, wird akzeptiert, was nicht hineinpaßt, wird abgelehnt. Da helfen auch die schönsten Farb-

effekte nichts, auf die zwar Person X reagiert, die aber Person Y völlig kalt lassen. Der »Torwart-Effekt« funktioniert.
Keine Verkaufswerbung ist so stark, daß sie solche gewachsene Gegenwelt (= Meinungsmatrix) über den Haufen werfen kann, wenn nicht durch persönliche Unsicherheit eine latente Bereitschaft vorhanden ist, auf die Botschaft dieser Werbung einzugehen — um beim konkreten Thema zu bleiben — und an ein Nutzenversprechen zu glauben.

Kaufbereitschaft entsteht durch persönliche Unsicherheit

Starke Meinungsführer, wie zum Beispiel Musterhausfrauen, die sich aufgrund täglicher Erfahrung ein konkretes Urteil über ein Produkt gebildet haben, werden sich nicht durch noch so schöne Worte und Farben vom Gegenteil überzeugen lassen. Es sei denn, eine abermalige Produkterprobung und die dabei gewonnenen Erfahrungen erschüttern das bisher gefällte Urteil, räumen das noch geltende »Vor-Urteil« aus dem Weg.
In diesem konkreten Fall besteht die *Chance der Verkaufskommunikation* darin, *durch neue Argumente feste Meinungsmuster zu erschüttern, Unsicherheit in der Beurteilung eines Produktes zu erzeugen und Gewißheit durch gehaltene Produktversprechen zu schaffen (= Vertrauensbildung).*

Im Stauraum der Kassen ist Platz für Promotion mit Zigaretten, Kaugummi, Alkoholika in Kleinflaschen usw.

Gondelköpfe sind ideale Aktionsplätze: Stollwerck zeigt hier Musterbeispiele einer zweckbetonten PoS-Gestaltung. Bei derartigen Verkaufspunkten kann sich der Verkäufer sogar erläuternde Plakate sparen (Voraussetzung: die Ware ist preislich korrekt ausgezeichnet).

Es genügt aber nicht, durch Verunsicherung und Anspielung auf die Bereitschaft der Verbraucher etwas Neues auszuprobieren (Neu-Gier), das bewußte »Klick« im Verkaufsprozeß auslösen zu wollen. Zur dauerhaft erfolgreichen Verkaufskommunikation gehört gleichermaßen die Bestärkung des Käufers, optimale Qualität zu optimal günstigem Preis erworben zu haben.

Merkpunkt:
Enttäuschungen und nicht erfüllte Erwartungen (= Frustrationen) sind die gefährlichsten Gegner des Verkaufserfolges. Die konkrete Anwendung für die Werbe- und Gestaltungspraxis:

- Nicht versprechen, was ein Produkt nicht halten kann.
- Nicht mehr scheinen als sein. Konsumeristen unter den bundesdeutschen Publi-

zisten sind allergisch gegen den bereits so im Deutschen Fernsehen formulierten »schönen Schein der Ware«.

- Die Wahl der Farben und Verpackungsformen gehört in den Komplex des nicht allzu stark zu objektivierenden, persönlichen Geschmacks. Diese Auswahl wird durch Erfahrungswerte beeinflußt, die von Generation zu Generation, von Jahrzehnt zu Jahrzehnt, von Jahr zu Jahr wechseln.
- Mode ist — so banal das klingt —, was gefällt (und im Extremfall sogenannte Avantgardisten für das objektivierbare Zeitgefühl halten).

Erfahrungswerte der Werbepsychologie

»Werbung — das ist klar — hat die Aufgabe, sowohl Bedürfnisse zu wecken, als auch bekanntzumachen oder zu empfeh-

len, wie diese am besten befriedigt werden können« (33).
In dieser Formulierung des »Werbebarons« Holzschuher steckt die psychoanalytische Grundüberzeugung, daß die Wunschvorstellung des Menschen von elementaren »Bedürfnissen« (Begattungstrieb) gesteuert wird und nach »Befriedigung« dürstet. Gewiß spielen Appelle an den Sexualtrieb in der Werbung eine Rolle. Werbung allein mit dem Fortpflanzungstrieb zu erklären, ist jedoch mehr als kühn.
Ähnlich wie Farben und Formen von Dingen Signale (Wiedererkennungszeichen) ausgeben, strahlen Menschen durch Farbe, Größe, Formen, Bekleidung, Gehabe Faszination aus, die auf Resonanzen stößt. *Das erst erzeugt Kommunikationsbereitschaft (und nicht schon Kommunikation).*

Kaufsignale sind »Funkstationen«

Signale — also auch Kaufsignale — dienen vordergründig der Orientierung, können aber auch kommunikative »Funkstationen« sein, die Kommunikation suchen. Damit aber ein Informationsaustausch über ein Produkt — also Verkaufskommunikation — zustande kommt, bedarf es eines »Empfängers«, also eines Käufers, der nicht nur »auf Signale anspricht« und damit »auf gleicher Welle funkt«, sondern der auch über die vorhin skizzierte »Empfangsbereitschaft« — das Kaufinteresse, die mehrfach angesprochene Erwartungshaltung — verfügt.

Merkpunkte:

- Kaufsignale zielen zuerst einmal auf latentes Kaufinteresse. Kaufinteresse aber wird durch Werbung (= Kaufappelle) erzeugt, durch das Versprechen von Produktnutzen und Problemlösungen.
- Kaufsignale können also im Idealfall auf vorhandene Erstinformationen der allgemeinen (klassischen) Werbung aufbauen. Sie fungieren als Wegweiser zum konkret anfaßbaren Produkt. Sie wirken hauptsächlich in der Phase 1 des optischen Verkaufsgesprächs: in der Angebotsphase.
- Kaufsignale zielen nicht nur auf rationell nachvollziehbare Wünsche. Sie peilen gleichfalls suggestiv Assoziationen (= Wunschbilder), versteckte Träume, Wünsche im Unterbewußtsein an.

Bierflasche mit Wassertropfen

Verkaufskommunikation findet nicht nur rational, also im gedanklichen Bewußtsein statt, sie vollzieht sich ebenso in halb- oder gar unbewußten Bereichen.
Eine Bierflasche mit Wassertropfen (»süffig« in einer Anzeige präsentiert) »macht Durst«. Eine Bierflasche im Regal nicht. Holt sie dagegen der Kaufmann aus dem Kühlschrank, ist der »appetite appeal« schon größer. Die Kunst des optischen Verkaufsgesprächs besteht in diesem konkreten Fall darin, auf die mögliche Durstsituation aufmerksam zu machen, in die der Kunde geraten kann, wenn er nicht rechtzeitig sein kühles Bier bereitgestellt

(also eingekauft) hat. Der Kaufmann wird ihm nicht eine »Bierflasche«, sondern einen »Durstlöscher« verkaufen.

Merkpunkt:

- Kaufsignale, die mit bestimmten Verzehrsituationen oder Verwendungsanlässen korrespondieren, verstärken die gleichgelagerte Werbebotschaft und damit den Appell am Verkaufspunkt.

Man muß v. Holzschuher beipflichten, wenn er resümiert: »Beileibe nicht alle Werbeaussagen sind eine Information oder *nur* eine Information. Sie erzeugen Gefühle und Gegengefühle, Stimmungen und Emotionen« (34). Gleiches gilt für die Kaufsignale, die als

Symbole

wie z. B. groß herausgestellte Preise (Sinnbilder für Preiswürdigkeit)

oder als

Wiedererkennungszeichen

wie z. B. Marken, Gestaltungselemente, die das Markenbild vervollständigen, und beispielsweise ein Display mit der typischen Handschrift eines Markenartiklers fungieren.

Farben und typisches Präsentationsdesign im Verkaufsraum helfen Kaufappelle zu verstärken.

Merkpunkt:

- Kaufsignale sind ein wesentlicher Bestandteil der Verkaufsförderung, da sie mithelfen müssen, die durch Werbung aufgebauten Erinnerungswerte in Aktivität umzusetzen — in den Kaufvorgang. Nach einer Untersuchung der GfK Gesellschaft für Konsumforschung, Nürnberg, sind 40 Prozent aller Eindrücke, die von der Publikumswerbung ausgelöst werden, bereits innerhalb von 20 Minuten wieder vergessen. Nach einem Zeitraum von mehr als vier Stunden haften nur noch 30 Prozent der Werbeeindrücke im Gedächtnis.

Wachgefunkte Erinnerung

Kaufsignale funken somit die Erinnerung an eine Werbebotschaft wach: Ob über ein Displaystück am Verkaufspunkt (PoS) oder über ein Plakat am Schaufenster — die »Show«, die zum schöpferischen Prozeß des Einkaufens gehört, muß die wichtigsten Punkte der Verbraucher-Ansprache kurz und prägnant wiederholen und schließlich das Angebot in geeigneter Form präsentieren.

Die Wirksamkeit von Farben in diesem Zusammenhang sieht v. Holzschuher zu Recht in einem Netz von Bezugssystemen, die beim Käufer individuell Gefühls- und Stimmungswerte wachrufen. »Bei der Gestaltung von Waren, Packungen und Werbedarbietungen kommt die Farbe stets nur auf ein bestimmtes Objekt oder, noch genauer gesagt, auf das Objekt einer bestimmten Gattung ›bezogen‹ in Betracht. Wenn man eine Frau nach ihrer Lieblingsfarbe fragt, wird sie vielleicht Blau nennen und dabei an die Farbe denken, die sie bei ihren Kleidern bevorzugt, etwa weil Blau

Ein Beispiel dafür, wie ein Hersteller »corporate identity« am Verkaufspunkt praktizieren kann.

ihr zu ihrer Haar- und Hautfarbe am besten steht« (35).

v. Holzschuher hält daher von Farbtests nicht sehr viel. So interessant sie wissenschaftlich auch sein mögen, für die Praxis könne man nicht sehr viel damit anfangen.

Erfahrungen aus der Farbenpsychologie

Dennoch griff v. Holzschuher auch auf Erfahrungswerte der Farbenpsychologie zurück, zu der Dr. Heinrich Frieling in seinem Buch »Farbe hilft verkaufen« Maßgebliches beigesteuert hat.

Frieling schildert in seinem Kapitel »Das werbewirksame Ladengeschäft« (36) die Ergebnisse einer Studie, die für einen Kettenbetrieb des Lebensmitteleinzelhandels durchgeführt wurde und die verdeutlicht, »wie Farbkombinationen auf die Art des Geschäftes bezogen werden«. 854 Per-

»Jedes Geschäft besitzt durch Architektur, Farbe, Material, Licht und Auslage eine werbliche Ausstrahlung, die je nach dem Zustand eine positive oder auch negative Wirkung auslösen kann.«
Siegfried Menninger

Moderne Verkaufsoptik – Die Funktion von Fassade und Schaufenster

Je dichter die Konkurrenz der Geschäfte, um so schwieriger die Möglichkeit, sich vom Nachbarladen abzuheben — »Profil« zu zeigen. Im Zeichen schwindender Stammkundschaft sind heute die Geschäfte mehr denn je auf einladende Optik angewiesen. Besonders in den Fußgängerzonen der Städte zwingen Ladendichte und hoher Anteil an Laufkundschaft zu gründlicher Überlegung (und Planung), wie sich Eingang, Schaufenster und Fassade wirksam aus diesem Spannungsfeld abheben können.
Da das äußere Erscheinungsbild die Vorstellung beeinflußt, die sich ein Passant von einem Geschäft macht, ist Sorgfalt geboten: Aus dem Erscheinungsbild zieht der mögliche Käufer Schlüsse auf den Charakter des Geschäfts, die Leistungsfähigkeit und das Angebot.
Schon die Fassade »profiliert« die Verkaufsstätte: Eine Vernachlässigung führt zu Fehleinschätzungen und prompt zu negativen Auswirkungen auf die Umsätze. Die wirkungsvolle Ladenpräsentation beginnt mit dem Gesamteindruck der Fassade, führt zum Schaufenster, zur Schaufensterauslage und schließlich durch die Ladentür ins Innere, wo sie am Verkaufspunkt eine konsequente Weiterführung finden muß. Auf diesem Käuferweg sollten alle optischen Signale richtig gestellt sein.

Material und Farbe als Einheit

Schließlich verfolgt der Ladeninhaber das Ziel, seine Ware ins beste Licht zu rükken, *denn nur was der Käufer sieht, kauft er.*
Notwendigerweise sind dabei Material und Farbe als Einheit zu sehen. Jedes

Material hat eine typische Ausstrahlung, löst Gefühle aus und führt — wie beschrieben — zu bestimmten Assoziationen. Die Harmonie wird unterstrichen, wenn das Material »drumherum« aus einem dem Produkt verwandten Bereich gewählt wird.

So ist es vorteilhaft, wenn z. B. Naturprodukte wie Käse oder Wein in »natürlichem« Rahmen verkauft werden: Dekorationen mit Naturhölzern jeder Art, derbe Stoffe, Blumen, Steinplatten oder Keramik. In den Augen der Käufer gewinnen Naturprodukte optisch durch

Statt mit dem »Q« wirbt Foto-Quelle an dieser Fassade mit einer großen Brille als Symbol für Augenoptik. Unter der Firmierung das werbliche Attribut: »Das größte Fotohaus der Welt«.

Die Fassadenbeschriftung wird konsequent für eine Werbeaussage über das Unternehmen genutzt: »der« modische Arendt. Der Slogan wird unmittelbar über der Eingangstür wiederholt. Ein Sonderstand im Eingang signalisiert, daß neben Chic auch Preiswürdigkeit winkt.
Der »Tante-Emma-Laden mit Pfiff« fällt gleich mehrfach aus der Reihe: Statt die Ware im winzigen »Wohnzimmer«-Laden zu verstecken, präsentiert der Kaufmann seine Frischware vertikal noch vor der Ladentür. Diese Frische-Signale sind denen des Wochenmarktstandes ebenbürtig (wo die Hausfrauen ihr tägliches Obst und Gemüse am liebsten kaufen würden). Außerdem wählte dieses Geschäft ein Beinahe-Schimpfwort — »Tante-Emma-Laden« — zum »Markenzeichen«. Mit großem Erfolg.

Modernes Design auch an der Fassade: Sport Schuster in München. Fensterplakate und X-Streifen, kreuz und quer geklebt, wirken konzeptionslos.

Farben, wie sie in der Natur zu finden sind. Alle grellen Kombinationen würden das Produkt abwerten, unangenehm und ungenießbar erscheinen lassen. Wogegen Erdfarben (gebrochene Farben) die Natürlichkeit solcher Produkte angenehm betonen, sie besonders köstlich erscheinen lassen.

In den meisten dieser Fälle führen die gegensätzlichen Forderungen nach Gediegenheit der Präsentation einerseits und Auffälligkeit andererseits zur empfehlenswerten Synthese von gebrochenen größeren Farbflächen und kleineren leuchtenden Farbanteilen.

Klarheit ist das oberste Gestaltungsgebot

Geschäfte, die auf den Zuspruch der Passanten hoffen, müssen sich durch eine klare Gestaltung der Fassade und der Schaufenster auszeichnen. Klarheit, Auffälligkeit, Größe, Plazierung und Farbgebung bestimmen auch die Wirkung des Firmenschriftzuges. Schon der Schriftcharakter läßt auf die Art des Geschäftes schließen: »Eine Blockschrift wird auf Grund ihres markanten Charakters den Eindruck von Schwere, Würde, Ernst und Statik vermitteln. Dagegen kann eine geschwungene Kursivschrift Bewegung, Eleganz und Zierlichkeit ausdrücken« (39). Wenn möglich, sollten Bilder, Symbole oder Piktogramme die Buchstabenfolge auflockern. Das zahlt sich besonders in Städten mit hohem Touristenaufkommen, in Einkaufs- und Fremdenverkehrszentren aus. Hier sollte nach Möglichkeit eine unmißverständliche Sortimentskennzeichnung gleichrangig neben die Firmenbezeichnung treten. Fremde finden auf diese

Weise schon von weitem die gewünschte Einkaufsstätte. »Symbole erfüllen diese Funktion wesentlich besser als Schriftzüge, die oft in der Fülle von Werbereizen untergehen« (40).

Beispielsweise bedienen sich Optiker gerne überdimensionaler Brillen, Uhrenfachgeschäfte (naheliegenderweise) großer Uhren oder Spielwarenfachgeschäfte auffälliger Spielgeräte. Die großen Kaufhäuser haben ihren Schriftzug durch Grafik zu einem Markensymbol weiterentwickelt: C & A, Karstadt, Quelle, Kaufhof, Kepa. Vorerst scheint der Einsatz derartiger Erkennungszeichen bei der Fassadenwerbung noch sinnvoll zu sein; »erst wenn in ganzen Straßenzügen mit Piktogrammen gearbeitet wird, nimmt der Werbewert wieder ab« (41).

Wichtig ist, daß die Einheitlichkeit von Schriftzügen, Marken und Symbolen auch auf den anderen Werbemitteln beibehalten wird. Dadurch werden die Präsenz und die Marktbedeutung entscheidend hervorgehoben.

Aspekte der Lichtwerbung

Auf jeden Fall sollte der hohe technische Standard der Lichtwerbung für die Gestaltung eines modernen Entrees genutzt werden: Der werbliche Effekt ist deshalb hoch zu bewerten, weil nach statistischen Erhebungen in den Wintermonaten über 70 Prozent des Umsatzes in den beleuchteten Zeitraum fallen (42).

Auch nach Geschäftsschluß dient die Lichtwerbung dem Image und der Information (speziell in den Schaufenstern): Besondere Effekte ziehen Passanten im Dunkeln an, unterstreichen die Fernwirkung.

So kennen die Eltern noch den Laden mit der lachenden Kanne: »Kaiser's Kaffee-Geschäft«. Schon damals mit konzeptioneller Linie.

Dieser Edeka-Markt kombiniert geschickt »Schaufenster« und »Plakatfenster«.

Die betrieblichen Kosten für Lichtwerbeanlagen halten sich in Grenzen: Man kann bei Einschaltung um Sonnenuntergang und Ausschaltung um 23 bzw. 24 Uhr mit 1800 bzw. 2150 jährlichen Betriebsstunden rechnen. Werden Anschlußwert der Anlage und Brennstunden mit dem Arbeitspreis des Versorgungsunternehmens multipliziert, errechnen sich die variablen Energiekosten (43).

Die Größe einer Anlage sollte sich aber nicht nur nach gestalterischen Gesichtspunkten, sondern vor allem nach der erforderlichen Lesbarkeit richten. Für Versalien (Großbuchstaben) in Blockschrift wird in der Regel mit folgender Formel gerechnet:

Lesbarkeitsgrenze (G) = Buchstaben (h) × Deutlichkeitsfaktor (Z). Z beträgt für Blockschriften mit Acrylglasabdeckungen 320; für Blockschriften mit freistrahlenden Leuchtröhren, mit schmalem Schriftcharakter und gedrängter Schriftlänge 350; für Blockschriften mit freistrahlenden Leuchtröhren und gestreckter Schriftlänge 400. Dabei gelten die folgenden Nebenbedingungen:

Buchstabenhöhe: Buchstabenbreite = 5:3; Schriftlänge = Buchstabenhöhe × Buchstabenzahl.

Konkret: Eine Schrift aus Standardbuchstaben mit Acrylglasabdeckung von 50 cm Höhe ist aus einer Entfernung von 160 m gerade noch lesbar. Für Schriften mit Groß- und Kleinbuchstaben gilt diese Regel etwa dann, wenn die Höhe der kleinen Buchstaben als Schrifthöhe eingesetzt wird (44).

An dunklen Tagen in Herbst- und Wintermonaten ist es denkbar, daß Lichtwerbeanlagen auch tagsüber eingeschaltet werden. Sinnvoll erscheint der Betrieb bei Tag aber nur, wenn die Anlage durch Blink-, Programm- oder Schattenläuferschaltung Aufmerksamkeit weckt, da auch an dunklen Tagen Lichtwerbeanlagen — insbesondere Transparente — leicht überstrahlt werden.

Kritisiert die Rationalisierungsgemeinschaft des Handels RGH in Köln: »Weit über die Hälfte der Lichtwerbeanlagen wird heute immer noch parallel zur Bauflucht meist über dem Schaufenster installiert, obwohl senkrecht zum Gebäude angebrachte Anlagen eine größere Anzahl von Werbekontakten auslösen können. Für Passanten, die auf dem Bürgersteig der gleichen Straßenseite gehen, an der sich die Außenwerbung befindet, sind zur Bauflucht parallel angebrachte Leuchtschriften erst kurz vor dem Geschäft oder auch gar nicht — je nach Breite des Bürgersteiges — zu erkennen. Günstiger ist der Blickwinkel für Passanten, die auf der anderen Straßenseite flanieren. Werbung, die quer zum Haus angebracht ist, kann dagegen in der Regel von beiden Straßenseiten auch über größere Entfernungen mühelos erkannt werden. Der Nachteil: Individuelle Firmenschriftzüge sind bei senkrecht angebrachten Anlagen kaum zu verwirklichen« (45).

Das Schaufenster läßt tief blicken . . .

Ein alter Leitsatz des Einzelhandels gilt nach wie vor: Die Geschäftsfassade, besonders das Schaufenster, ist die Visitenkarte des Unternehmens. Wie traurig aber ist es oft um diese Visitenkarte bestellt. Rationalisierungszwänge (echte und vermeintliche) führten dazu, daß die Glasscheiben mit Preis- und Angebotsplakaten zugeklebt werden (eine beliebte Werbemethode speziell im Lebensmittel-Einzelhandel, wie wir eingangs feststellen konnten). Vielfach ist damit das Schaufenster zur Plakatfläche abgestempelt worden (mit dem psychologischen Trick, Neugier auf die innere Präsentation zu lenken). Andererseits dient das Schaufenster vor allem im Fachhandel — beispielsweise im Textil-, Bekleidungs-, Leder- und Fotohandel — weiterhin als einladende Vorinformation. Allerdings: *Lediglich sieben Sekunden widmet ein Straßenpassant einem Schaufenster seine Aufmerksamkeit.*
Erkenntnis: Um Aufmerksamkeit zu wekken und die Neugier ins Geschäft zu »kanalisieren«, muß das Schaufenster keineswegs »knallvoll« dekoriert sein. Schließlich soll die Zeit reichen, um die wichtigsten Informationen zu vermitteln. Beschränkung ist also geboten, insbesondere bei der Herausstellung von Artikeln. Eine Untersuchung ergab, daß rund 60 Prozent der Straßenpassanten an einigen Geschäften vorbeigingen und interessiert die Auslagen betrachteten. Bei der anschließenden Befragung konnten sie jedoch nicht angeben, um welches Geschäft es sich handelte. Daher empfehlen Experten, auf jeden Fall die Firmenbezeichnung unmittelbar in die Schaufensterdekoration miteinzubeziehen (46).
Dennoch fungiert das Schaufenster — wie eine weitere Studie zeigte — nach wie vor als eine der wichtigsten Informationsquellen beim Einkauf. Es rangiert gemeinsam mit den übrigen Werbemitteln am Ort des Verkaufs noch knapp vor der Tageszeitung.

Kein Sammelsurium für Abziehbilder

Die persönliche Note sollte beim Schaufenster keinesfalls von einem Sammelsurium bunter Marken- und Märkchenwerbung durchkreuzt werden. Dieser Überzeugung ist Verkaufsförderungsexperte Siegfried Menninger: »Es kann nicht im Sinne eines modern denkenden Markenherstellers sein, wenn an der Front eines Lebensmittelgeschäftes Emailleschilder klappern, an den Schaufenstern Abziehbilder haften und der durch zahlreiche Blechschilder eingefaßte Türrahmen die Krönung des Ganzen darstellt. Eine solche Massierung von optischen Gegensätzen in Form, Farbe und Material kann den Verbraucher keinesfalls zugunsten des Geschäftes beeinflussen. Es ist dem Konsu-

Auf Schriften und Zahlen angewiesen, da die Ware nicht mehr für sich selber werben kann: »Plakatwände« beim Discounter Penny.

menten nicht zu verübeln, wenn ihn dieses Kunterbunt verwirrt und er darüber hinaus seine Rückschlüsse auf die Geschäftsführung und Warenpflege zieht. Werbehilfen dieser Art sind heute längst überholt und stammen noch aus der Zeit, in der die ersten Markenartikel ihre Geburtsstunde hatten« (47). *Das Schaufenster soll schließlich Kaufbereitschaft wecken und nicht abschrecken!*

Daher die Empfehlung, in dieser schnelllebigen Zeit auf jeden Fall im Schaufenster mit Blickfängen zu arbeiten, um überhaupt erst einmal Aufmerksamkeit zu wecken. Gleichzeitig sollte die Brücke zum Angebot im Geschäft geschlagen werden. Denn das Schaufenster ist im Werbemittelkonzert ein maßgebliches Instrument. Es muß die Verbindung zur Saison, zum Angebot und zum Service herstellen. Speziell im Lebensmitteleinzelhandel, wo man bei den meisten Kunden, die das Geschäft betreten, Kaufbereitschaft voraussetzen kann, haben Schaufenster die Aufgabe, möglichst viele Kunden zu veranlassen, in das Geschäft hineinzugehen. Die Schau-

Schaufenster mit Phantasie: eine Morgenszene beim Kaufhof.

fensterauslage muß also von der *Leistungsfähigkeit des Geschäftes überzeugen*. Somit beschränkt sich die — wie schon betont — knappe Herausstellung von Waren auf wirklich zugkräftige Angebote.

Zehn Leitsätze zur Schaufenstergestaltung

Eine Studie des IZOP-Instituts zur Objektivierung von Lern- und Prüfungsverfahren aus dem Jahr 1971 kommt zu insgesamt zehn Leitsätzen für die verkaufsaktive Schaufenstergestaltung:

1. Die Schaufenstergrundfläche ist Bestandteil der aktiven Verkaufsfläche.

Das heißt: Sie muß praktisch pro Quadratmeter 6000 DM oder mehr Jahresumsatz einspielen oder einen ihrer Grundfläche entsprechenden Jahresumsatz bewirken.

Gewiß ist diese These nur in speziellen Märkten anwendbar, wo der Verbraucher Zugang zu den Schaufensterangeboten (Sonderangeboten) hat. Deshalb lautet auch Leitsatz Nummer zwei in diesem Fall:

2. Das Warenangebot muß sowohl für den Straßenpassanten sichtbar als auch für den Käufer im Laden greifbar sein.

Denn: »Schaufenster, aus denen der Käufer die Ware nicht selbst entnehmen kann, verkaufen nicht.« Ein Kernsatz für alle Selbstbedienungsmärkte.

Konsequenterweise lautet der nächste Merksatz (bei SB-gerecht verpackter Ware):

3. Massenangebote im Schütt- oder Kartonverfahren überzeugen besser. Lebensmittel werden in Masse hergestellt und in Masse verbraucht. Sie müssen deshalb in Masse aufgestellt werden, wenn man sie in Masse verkaufen will. Die »Masse« signalisiert:

— reichen Vorrat
— frische Ware
— günstigen Preis
  und
— Vertrauen zur Ware.

4. Für Massenangebote sind Großpreisschilder Voraussetzung.

Die Großpreisschilder müssen doppelseitig beschriftet sein und so angebracht werden, daß sie beim Entnehmen der Ware nicht behindern. Großpreisschilder auch deshalb, weil — wie gesagt — die Passanten sich nur rund sieben Sekunden Zeit für das Schaufenster nehmen.

5. Dekoratives Beiwerk ist nur zulässig, wenn es die Ware nicht behindert.

Der Käufer, der aufgrund des attraktiven Schaufensterangebots das Geschäft betritt, möchte sich gern aus diesem Angebot selbst bedienen. Im Interesse der Selbstbedienung muß die Ware gut greifbar sein (SB-Verpackung!).

6. Grundsätzlich soll kein Angebot länger als drei Tage bis eine Woche im Schaufenster angeboten werden.

Der Abnutzungsgrad ist zu hoch: In der Regel wird die Werbeaussage des Schaufensters — speziell im Lebensmitteleinzelhandel —
am 1. Tag bereits um 20 Prozent,
am 2. Tag um 40 Prozent und
am 3. Tag um 60 Prozent vermindert.

Das Angebot selbst sollte zwei bis drei Tage länger im Schaufenster gezeigt werden, als es inseriert ist.

7. Die Ausstellungsdauer inserierter Angebote ist von der Dauer der Anzeigenschaltung abhängig.

8. Angebote, die von Konkurrenten im Preis unterboten werden, sind sofort durch andere Angebote zu ersetzen.

Es droht die Gefahr, daß das preisattraktive Image lädiert wird — es sei denn, man läßt sich bewußt auf einen Preiskampf ein.

9. Preisplakate und Fensterstreifen sind grundsätzlich als Fensterkleber anzubringen.

Auf diese Weise wird — wenn sie von außen aufgeklebt werden — die Glasspiegelung vermieden.

Optisch stark herausgestellte Großplakate fungieren wie die Balkenüberschriften in der Zeitung: als schnelle Orientierungshilfe. Sofern nicht extrem kleine Schaufenster vorgegeben sind, kommen Plakate im Format DIN A 1 (61 × 86 cm) am besten zur Geltung. Die richtige Höhe: 1,70 m (Augenhöhe).

Und noch ein Aspekt: Fensterkleber sind grundsätzlich zum Eingang hin orientiert anzubringen (sonst hat der Kunde beim Betreten des Geschäftes bereits wieder vergessen, von welchem Angebot er Gebrauch machen soll).

Fensterplakate sind
— nur in gleichen Formaten zu verwenden
— möglichst nur waagrecht anzubringen
— nicht kreuz und quer über die Schaufensterscheibe zu kleben.

Werden mehrere Plakate übereinander angebracht, muß das mittlere in Augenhöhe (1,70 m) hängen.

10. Weniger ist besser — zu viele Angebote und Fensterplakate verwirren.

Und ermüden. Es gibt Supermärkte, die nahezu im Stile chinesischer Wandzeitungen ein Angebot unter das andere setzen. Hier wird eindeutig die Ausdauer der Passanten überschätzt.

Denken Sie immer daran, in welch kurzer Zeit die Aussage des Schaufensters überzeugen muß. Die Anzahl der Eindrücke,

Ein Brot- und Konditor-Fachgeschäft mit einer »Wies'n-Szene« während des Münchner Oktoberfestes.

die das menschliche Auge aufnehmen und das Gehirn verarbeiten kann, ist begrenzt. Bei einem Überangebot werden die Eindrücke verwischt.

Das Schaufenster zeigt, warum Verkaufsförderung notwendig ist

Das Schaufenster verdeutlicht in anschaulicher Weise, warum Verkaufsförderung mit solchem Eifer betrieben wird:

- Information allein bewegt den Markt nicht.

Information (= vor allem Werbung) über ein Produkt oder eine Dienstleistung genügt in den seltensten Fällen für das Auslösen des Kaufvorgangs. Deshalb braucht die klassische Publikumswerbung die neumodische Verkaufsförderung als unzertrennlichen Partner. Besonders in einem zunehmend homogenen Marktgeschehen.

- Verkaufsförderung muß helfen, die durch die Werbung aufgebauten Erinnerungswerte in Aktivität (Kauf) umzusetzen.

Die Werbung muß
— Aufmerksamkeit wecken
— Interesse wecken
— Kaufneigung schaffen.

Das Schaufenster ist praktisch die Nahtstelle zwischen Werbung und Verkaufsförderung: Es soll einerseits informieren, andererseits eine Aktion (den Kaufvorgang) auslösen. Damit dies möglich wird, muß der Verkaufspunkt — gerade bei Konsumgütern — adäquat ins Blickfeld gerückt werden und die wichtigsten Vorteile des Angebots noch einmal signalisieren.

Tips und Checks zur Fassaden- und Schaufenstergestaltung

- Prüfen Sie aus einiger Distanz: Hebt sich Ihr Geschäft gut ab? Ist eine wirkungsvolle Präsentation der Produkte möglich?
- Ist die Ankündigung von Verkaufsaktionen weit genug zu sehen?
- Vermitteln Lichtwerbung, Schaufenster- und Fassadengestaltung ein passendes Image zum derzeitigen Angebot?
- Signalisiert das Äußere Ihres Geschäfts, daß man hier besser kauft als im nächsten Laden?
- Sprechen Texte, Aufmachung und Angebot die Passanten an?
- Wie originell ist Ihre Dekoration?
- Haben Sie einen tauglichen Blickfang?
- Wie steht es um die Farbenwahl (Kontraste, formale Gegensätze, Blinkmomente, Bewegungseffekte)?
- Läuft der Blick vom »eye catcher« zum eigentlichen Angebot weiter?
- Wie verhält sich der Grundaufbau zur Warenanordnung, zur Kulisse, zu Schriftzeilen, Bändern und Leisten (Blickführung)?
- Haben Sie eine Faustskizze zur Hand? Experimentieren kostet Zeit, Material und damit Geld.
- Präsentieren Sie keine »Handelsartikel«, sondern »Problemlösungen«.
- Bemühen Sie sich auch im Schaufenster um ein funktionsgerechtes Konzept.
- Fassen Sie Bedarfsgruppen zusammen.
- Haben Sie schon ein aktuelles Motto?
- Nicht zuviel Lesetext benutzen.
- Preisschilder sind ein gültiger Ersatz für das Verkaufsgespräch. Fehlende Preisschilder vergraulen die Kunden. Umgekippte Preisschilder lassen auf Schlamperei schließen.
- Schaufensterdekoration darf keinen Staub ansetzen. Oft wechseln. Das Schaufenster lebt von der Aktualität.
- Achten Sie auf einheitliche Symbole, gleichbleibenden Farbcharakter, einheitliche Schrifttypen usw.
- Nicht am Licht sparen. Spotlights verwenden — sie blenden die Kaufinteressenten nicht.
- Denken Sie an den Firmenschriftzug im oder am Fenster.
- Veranlassen Sie, daß alle Mitarbeiter über die Auslage informiert sind, ebenso über die soeben erfolgte Neudekoration.

»Plakate können Image bilden,
Plakate motivieren,
Plakate aktualisieren.«
Rudolf M. Worringen

Wegweiser zum Kauf – Ladenplakat, Regal- und Sonderdisplays

Ladenplakate, Regal- und Sonderdisplays sind nach Fassade und Schaufenster die weiteren Stationen auf dem Kommunikationsweg zum Ort des Verkaufs. Sie dienen der Orientierung und der werblichen Herausstellung der angebotenen Ware. Diese flankierenden Promotion-Mittel vervollkommnen die Verkaufsförderung bei zweckmäßiger und konzentrierter Anwendung.

Wer sein Geschäft — ähnlich wie sein Schaufenster — mit allem möglichen Promotion-Zierat vollstellt, wird das Gegenteil der beabsichtigten Wirkung erreichen: Der Käufer sieht den Wald vor lauter Bäumen nicht — das Angebot geht im Getümmel der Werbemittel und -mittelchen unter.

»Schöne Pappen« am Ende

Da Kaufatmosphäre eng mit den Zielvorstellungen des Geschäfts, dem Geschmack seiner Dekorateure und Verkäufer zusammenhängt, wird sich so mancher Hersteller — gerade im Lebensmittelbereich — kaum noch der Illusion hingeben, daß sein Promotion-Material den ganzen Laden unter das von ihm und seiner Agentur gefundene Leitmotiv stellen kann. Der Handel ist — bedingt durch den erbarmungslosen Wettbewerb — auch gar nicht mehr bereit, die »schönen Pappen« auf seine Kosten oder gar durch eine einrückende Merchandising-Truppe ins Geschäft stellen zu lassen.

Die Regie für derartige Aktionen ist der Markenartikel-Industrie schon lange aus der Hand genommen worden — spätestens seit die Hersteller angesichts wachsender Marktsättigung und Austauschbarkeit von Artikeln begannen, den großen Verkaufsmärkten zu huldigen, um ihren lebenswichtigen Mengenabsatz zu erhalten (bei gleichzeitigem Abbau des eigenen Distributionsapparates).

Der Preis: unterschiedliche Konditionsvorteile gegenüber den einzelnen Absatzkanälen und damit wiederum eine Konzentration der Maßnahmen auf Großflächen-Betriebe, die ihrerseits eigene Vorstellungen über Verkaufsförderungsmaßnahmen entwickelten, um ihre preisaggressive Warenpräsentation stützen zu können.

Idee der »klassischen« Verkaufsförderung erschüttert

»Werbezuschüsse«, »Eintrittsgelder« für Regalplätze, wachsende Schwierigkeiten bei der Unterbringung von Zweitplazierungen und eigens abgestelltes Regalpflege-Personal, das auf Kosten der früher verteilenden, nunmehr »bettelnden« Industrie Aktionsware ein- und aussortiert, haben die so verlockende Idee der »klassischen Verkaufsförderung«, die sich als der verlängerte Schlagarm der klassischen Werbung (TV, Funk, Plakat und Presse) gerade in den Großmärkten des Lebensmittelhandels verstand, erheblich erschüttert.

Auch die Fachhandels-Schiene, die aufgrund zugestandener Service-Konditionen speziell bei Gebrauchsgütern wie Kühlschränken, Radio- und Fernsehgeräten leichter zu befahren war (Vertriebsbindung), ist durch den harten Wettbewerb mit Discount-Märkten, die ihre Markengeräte über »graue« Wege einkaufen, nicht mehr so leicht für Promotions zu erwärmen.

Motivplakate versetzen die Käufer in die richtige Stimmung: Die CMA, die für »Essen aus Deutschland« wirbt, bietet dem Lebensmittel-Einzelhandel verschiedene Lösungen zum individuellen Einsatz an. Die weiße Fläche ist für das Preisangebot bestimmt, das als Ergänzung zum Motivplakat den Kaufimpuls verstärkt.
Aktions-Streifen weisen auf etwas Besonders am Verkaufspunkt hin — ein Glücks-Preisausschreiben.

Mit Glück und Schwein
in den Sommer hinein
500g/DM
500g/DM
Essen aus Deutschland:
Fleisch ist ein
Stück Lebenskraft.

Für Ihre Grill-Party:
Essen aus Deutschland:
Fleisch ist ein Stück Lebenskraft.

Mit Glück und Schwein
in den Sommer hinein
Gewinnen Sie jetzt
die ganz große Lotto-Chance!
111 Jahreslotto-Abonnements sind in der neuen CMA Schweinefleisch-Aktion zu gewinnen. (Vielleicht werden Sie sogar Lotto-Millionär.)
Essen aus Deutschland:
Fleisch ist ein
Stück Lebenskraft.
Teilnahmekarten gibts hier im Geschäft. Oder anfordern bei:
„Essen aus Deutschland"
Postfach 9999, 4830 Gütersloh 1
Kennwort: „Die große Lotto-Chance"

Simple Konserven mit einem Hauch von Fernost (bzw. Nahost): ein Umkarton, der sich mit wenigen Handgriffen zum Verkaufsdisplay umbauen läßt.

Der Handel diktiert Thema und Plazierung

Nur noch kapitalstarke Hersteller, die sich den Luxus eines »klassischen« Werbe- und Verkaufsförderungskonzepts (bei nachweislich gefragten Produkten) leisten können, werden ihre Agenturen und Kreativberater an »geschlossenen« Promotions arbeiten lassen. Der eigentliche harte Alltag der Werbemittelproduktion ist dagegen vom Zwang diktiert, Themenwünsche und Plazierungsvorschriften des Handels mit den eigenen Absatzabsichten in Einklang zu bringen.

Wer nicht nur »auf Probe« in einem Markt verkaufen möchte (abgesehen davon, daß solche Wünsche von den Einkaufsmanagern mehr und mehr abgeschmettert werden), sondern eine echte Chance erhalten will, seine Promotion-Materialien in einem festgelegten Zeitraum feilzuhalten (an einer größeren Zahl von Distributionsplätzen), muß finanzielles »Durchstehvermögen« besitzen. Darüber hinaus ein klares Konditionskonzept und eine Verkäufertruppe, die nicht ihr Selbstbewußtsein, sondern ihre Ware verkauft.

Dazu gehören heute profunde Kenntnisse

Weitgehend neutrale Motiv- und Preisplakate, mit denen die Fa. Kraft Kaufstimmung erzeugt (und den Handel als Partner einbezieht).

Was wirkt »dynamischer«: gedruckte oder handgeschriebene Plakate?

über Markt- und Verbraucherverhalten, über Absatzzahlen, über Konkurrenzprodukte und Neuheiten sowie eine wesentlich größere Portion Selbstvertrauen. Denn nur der Markenartikler, der nicht mit aller Gewalt jeden Aktionsabschluß zur Sicherung seiner Produktion benötigt und der notfalls über konkurrierende (möglicherweise mühseligere) Distributionspfade (klassische Einzelhandelsgeschäfte statt Verbrauchermärkte, Fachgeschäfte sowie Drogerien und Boutiquen) den Forderungen von Warenhaus-, Verbrauchermarkt- und Zentralen-Managern (und sei es nur für eine bestimmte »Probezeit«) widerstehen kann, wird noch eigene Konzepte verwirklichen können. Konzepte allerdings, die stets den Handel als Partner im Verkauf miteinbeziehen. Werbemittel, die etwa ohne diese unumgängliche Rechnung mit dem Handel fabriziert werden, wandern sofort auf die Halde.

Displays müssen dem Handel »Spielraum« lassen

Es ist verständlich, daß sich die Verkaufsförderer mit allen machbaren Mitteln

Displays sind auch von ihrem Standort im Laden abhängig. Gondelköpfe gelten als besonders günstige Abverkaufsstellen. In den Gängen fallen Sonderplazierungen auch dem eiligen Käufer auf.

Beim Handel willkommen: Sonderplazierungen mit Verbund-Ideen.

darum bemühen, daß der Einzelhandel die angebotenen Produkte bevorzugt und in ausreichender Form plaziert. Denn anders als bei der werblichen Kommunikation vor der Ladentüre — in den Medien oder am bzw. im Schaufenster — kann der Käufer das Produkt, um das es geht, am Point of Sale persönlich in Augenschein nehmen. Entsprechend muß die begleitende optische Verkaufskommunikation (sofern es sich nicht um einen Probierstand mit Werbedame handelt, die das Gespräch über das Produkt verbal führt) die bereits im letzten Kapitel behandelten Funktionen erfüllen:
Displays müssen die durch Werbung auf-

gebauten Erinnerungswerte in Aktivität (Kauf) umsetzen und zusätzliche (werbliche) Anstöße geben.

Denn nicht jeder Impuls führt geradlinig zum Kaufakt.

Die Werbung aber — das haben wir bereits festgehalten —

- weckt Aufmerksamkeit
- weckt Interesse und
- schafft Kaufneigung.

Somit also eine klare Doppelfunktion.

Da aber nicht jedes Werbedisplay im »luftleeren« Raum wirkt (wenn es tatsächlich eingesetzt wird), sollte es den Vorstellungen des Einzelhandels weitgehend entgegenkommen. Kein Kaufmann wird zu

Displays, die lediglich als »Werbestücke« der Hersteller konzipiert wurden, finden wenig Zustimmung bei den Einzelhändlern.

einem Werbemittel greifen, ohne es vorher zu prüfen, oder gar einer wilden »Promoterei« zustimmen. Hier aber liegt die permanente Konfliktschwelle:
Der Außendienst der Industrie — ob Groß- oder Einzelhandelsreisender — wird bemüht sein, soviel Ware wie möglich am Verkaufspunkt unterzubringen. Dennoch sind diesem Auftrag allein wettbewerbliche und räumliche Grenzen gezogen. Zumal die Mitbewerber das gleiche Ziel verfolgen. Andererseits denkt der Einzelhandel nicht daran, sein Geschäft zur Verladerampe umfunktionieren zu lassen. Sein Geschäft, sein Angebot, seine Preisleistung stehen für ihn im Vordergrund.

Funktional und auffällig: Brot-Display mit »Backofenfrische«.

Der Handel denkt im Idealfall in Bedarfsbündeln

Während die Markenartikelindustrie bestrebt ist, ihre Produkte in der Regel national anzubieten, muß der Groß- und Einzelhandel in erster Linie standortbezogen denken. Das heißt: Er will Sortimente anbieten, die auf »sein« Publikum zugeschnitten sind. Die Industrie dagegen denkt noch sehr oft produktbezogen, mehr auf den individuellen Käufer ausgerichtet. Je weniger die Verkaufsförderung der Hersteller aber auf die Bedürfnisse des Handels eingeht, um so aussichtsloser ist ihre Akzeptanz.

Regalstopper: Zu viele Ecken sind unbeliebt. Der Zugriff zur Ware muß frei bleiben.

Der Handel denkt im Idealfall in Bedarfsbündeln, der Hersteller sieht seine Serie (und die unterschiedliche Distribution seiner Produkte). Auf der anderen Seite ist durch die Konzentration auf Handelsebene im Absatzmarketing vielfach ein ebenbürtiger Partner entstanden, der ähnlich wie die Industrie geschult ist, Aktionen langfristig zu planen und die konkreten Wünsche der Absatzförderung gegenüber der Industrie zu äußern.
Kooperation und Koordination sind zu Beschwörungsformeln des Marketings geworden.

Frage nach der Fehlinvestition

Fehlinvestitionen in der Verkaufsförderung können sich bei einem wachsenden Kosten- und Wettbewerbsdruck beide Seiten nicht mehr leisten. Damit ist in der Tat die Voraussetzung für eine solide Partnerschaft gegeben. Wann Displaystücke als echte Verkaufshilfe akzeptiert werden, beschreibt Siegfried Menninger:
»Wenn man den kurzen Lebensweg vieler Displaystücke von der Anlieferung bis zur Abfalltonne verfolgt, so ist die Frage nach der Fehlinvestition voll berechtigt. Allein aufgrund des räumlichen Engpasses lehnt der Handel Displaystücke ab, die als reine Werbestücke wertvolle Boden- oder Wandfläche beanspruchen. Nach dem Maßstab des echten Verkaufsangebots sind Aufstellplakate, Schaustücke, Mobiles usw. für den Einzelhändler Fremdkörper. Der Kaufmann schätzt, sucht und bevorzugt Displaymaterial, das ihm zusätzliche Angebotsmöglichkeiten bringt. Regaleinsetzer für kleinere Packungen, Drehständer mit Originalware, Regalvorsetzer oder Kassenaufsetzer sind nur einige Beispiele, die dem Handel verkaufen helfen« (48).

Hilfe für die Plazierung: Korbdisplay an der Kasse.

Die Haltung des Handels

Wer also in den Kreativ-Werkstätten von Industrie und Agenturen von der Partnerschaft mit dem Handel nicht nur in schönen Sales-Foldern spricht, sondern sie auch praktizieren will, muß zunächst einmal Wünsche und Einstellung des so Umworbenen zum Thema Verkaufsförderung kennen. Bei einer Befragung von mehr als 400 Lebensmittel-Einzelhändlern und Filialleitern durch Nielsen zeigte sich, daß von den verschiedenen Zielen, die der Handel mit seiner Verkaufsförderungspolitik verfolgt, die *Umsatz- und Gewinnsteigerung* an erster Stelle stehen.

Besonders bewährt: Das Korbdisplay in der Kassenzone.

Der Nachweis der Leistungsfähigkeit des Geschäfts und die Gewinnung neuer Kunden nehmen als Ziele die nächsten Plätze in der Rangfolge ein. Danach folgen: Erhöhung des Warenumschlags, Gewinnung eines Wettbewerbsvorsprungs, Behauptung im Wettbewerb und Abwanderung von Kunden verhindern. Die offensiven Ziele stehen also klar im Vordergrund (49).

Der Erfolg einer Aktion wird somit eindeutig am konkreten Mehrumsatz gemessen und bewertet. Dr. Egon Huppert (Nielsen): »Demzufolge steht das preisgünstige Sonderangebot in der Gunst des Handels weit vor allen anderen Aktionstypen. Sehr beliebt sind auch Kostprobenveranstaltungen und Demonstrationen. Verbund-, Zugabe- und Gutscheinaktionen stoßen bereits auf eine größere Zurückhaltung. Von Hersteller-Preisausschreiben versprechen sich sehr viele Händler überhaupt nichts. In der Auslage von Teilnehmerkarten im Geschäft sehen sie nur eine Störung des Betriebs ohne großen Nutzen« (50).

In den Augen der Einzelhändler gelten als Erfolgsfaktoren:

- Aktions- bzw. Verkaufspreis
- Plazierung im Geschäft
- das Aktionsprodukt selbst
- die werbliche Unterstützung

Gute Noten für Anzeigen, Ladenplakate und Handzettel

Laut Nielsen wertet der Handel Plakate, insbesondere Schaufensterplakate, Anzeigen in Tageszeitungen, Großpreisschilder und Handzettel als wirkungsvollste Werbemittel einer Verkaufsförderungsaktion. Besonders Warenaufsteller und Regaleinsätze, wie sie von der Industrie häufig angeboten werden, stehen offenbar hoch im Kurs. Dagegen benoten mehr als die Hälfte der Befragten die Lautsprecherwerbung als weniger wichtig oder sogar als unwichtig.

Nicht der Handlanger der Industrie

Dr. Huppert: »Der Handel ist primär nicht daran interessiert, für den Hersteller eines Produkts zu werben. Viele Händler meinen deshalb auch, daß Plakate, die ihnen von Herstellerseite für Verkaufsförderungszwecke zur Verfügung gestellt werden, zuviel Herstellerwerbung enthalten. Außerdem erscheinen sie ihnen zu groß. Dies gilt auch für die Bodenständer der Industrie, deren häufigster Mangel allerdings in einer zu geringen Standfestigkeit besteht. Oft ist auch die Aufstellung zu kompliziert und zeitaufwendig. Im Durchschnitt kommt daher bei acht von zehn Aktionen entweder geschäftseigenes Verkaufsförderungsmaterial oder Material, das die Filial- oder Großhandelszentrale bereitstellt, zum Einsatz. Nur in zwei von zehn Fällen findet das Material des Herstellers Verwendung« (51).

Zusätzliche Leistungen der Industrie, die außer in der Bereitstellung von Displaymaterial auch in der Beratung des Händlers, der Plazierung der Aktionsware oder im Aufstellen des Verkaufsständers bestehen, sind dagegen — so die Nielsen-Untersuchung — willkommen. Dr. Huppert: »Ein beachtlicher Teil des Handels sieht diesen zusätzlichen Service allerdings als weniger bedeutsam oder unwichtig an. Dies gilt auch für die Testergebnisse, mit denen die Industrie argumentiert. Der Handel mißtraut der Beweisführung und vermutet, daß die Ergebnisse einseitig dargestellt werden. Er zieht eine direkte Kostenbeteiligung den Serviceleistungen der Industrie vor« (52).

Konsequenzen für die Planung von Verkaufsförderungs-Maßnahmen

1. Verkaufsförderungs-Aktionen, die nicht auf die strategischen Ziele, die zeitlichen Vorstellungen, die Preisvorstellungen und das Sortimentsumfeld des Handels eingehen, sind Fehlinvestitionen, da sie sich mittlerweile kaum mehr verwirklichen lassen.

2. Aktionszuschüsse, für die keine klare Abrechnung nach werblicher Verwendung verlangt wird, sind schlicht und einfach Schmiergelder und daher mit Werbe- und Verkaufsförderungs-Aktionen nicht in Einklang zu bringen.

3. Aktionspreise müssen nicht alleinentscheidend sein. Die geschickte Kombination von Preis und Idee hilft den Erfolg besiegeln.

4. Verkaufsförderungs-Aktionen sind kein Anlaß zum Lager-Kehraus: Dem einzelnen Geschäft sollte nur soviel Ware angeboten werden, wie es nach vorherigem

Ermessen mit einem kleinen Spielraum je nach Umschlagshäufigkeit innerhalb der Aktionszeit verkaufen kann. Auch Aktionen, bei denen die Ware ein, zwei Tage früher ausverkauft ist, erhöhen oft das »dynamische« Image von Verkaufsort und Artikel.

5. Überbevorratung ist oft genug der Keim von sogenannten Dauerniedrigpreisen, die am Image eines jeden Markenartikels nagen. Ebenso können zu monströse Verkaufshilfen (mit entsprechend übertriebener Bestückung) zur falschen Einschätzung des Warenabflusses führen. Das Displaystück setzt unfreiwillig Staub an und wird — der größte Schrecken aller Promoter — zweckentfremdet.

Noch einmal die Erzfehler der Verkaufsförderung:

- Überbevorratung
- zu häufige Preisaktionen
- zu großes und unzweckmäßiges Displaymaterial

Was bewirken Ladenplakate?

Erstaunlich ist die Tatsache, daß der Handel zu der üblichen Beschilderung nach Warengruppen — entweder durch Beschriftung oder Piktogramme — bevorzugt zu Ladenplakaten greift, die neben der Anzeigenwerbung — wie bereits an anderer Stelle gesagt — einen hohen Stellenwert genießen. Zu diesem Thema meint Rudolf M. Worringen, Fachmann der CMA: »Heute werden Plakate im kommunikativen Prozeß zu weit mehr eingesetzt als zur bloßen Information über einen bestimmten Sachverhalt. Plakate können Image bilden, Plakate motivieren, Plakate aktualisieren.«

Nach Worringen fungieren Ladenplakate sogar als »Konfliktlöser«. Denn: »Durch die Herausstellung der Ware und/oder ihre attraktive Abbildung durch Sonderangebote usw. wird bereits ein Gutteil unternommen, um die Alternative »Ware« aufzuwerten und somit dem Umworbenen das Gefühl zu geben, für sein Geld — das er ja im Grunde gerne behalten möchte — einen hohen Gegenwert zu erhalten. Je günstiger und attraktiver die Ware im Verhältnis zum geforderten Preis dargestellt wird, desto leichter und problemloser wird die Kaufentscheidung zustande kommen.«

Ladenplakate zielen also eindeutig auf die Unterstützung von Impulskäufen, wobei das Motivplakat den Käufer in entsprechende Stimmung versetzen, das Preisplakat den angestrebten Kaufimpuls auslösen soll. Es ist daher ratsam, Motiv- und Preisplakate kombiniert einzusetzen, wenn man auf Mehrumsatz zielt.

Reine Preisangebote zwingen den Käufer, zu viele Gedanken an die Frage zu verschwenden, ob denn das angebotene Produkt auch diesen Preis verdient. Wird dagegen ein Sonderangebot mit Preis und Motiv (= Idee, Motto oder Anlaß) gekoppelt — bei entsprechender Warenpräsenta-

tion —, fällt die Kaufentscheidung beim Käufer viel leichter. Er akzeptiert — da entsprechend »motiviert« — die Vorteilhaftigkeit eines Angebots.
Ladenplakate, die Konsumanlässe signalisieren, wirken als Einstimmung. Je produktneutraler sie gehalten werden, desto günstiger stehen die Chancen, daß sie vom Einzelhandel in den Geschäften eingesetzt werden.

Erfolgsfaktoren bei Ladenplakaten

Hier die wesentlichen Erfolgsfaktoren bei Ladenplakaten:
1. Ladenplakate werden dann vom Handel akzeptiert, wenn sie der Ladenatmosphäre dienen. Zum Beispiel: Wünschenswertes vor Augen führen, Konsum-Situationen anklingen lassen (Party, Urlaub, Weihnachten, Ostern oder Kirchweih) und die Qualität der damit unterstützten Ware hervorheben.
2. . . ., wenn sie Leitmotive und Anlässe bildlich unterbreiten, d. h. nicht »aufdrängen«, sondern »anklingen« lassen.
3. Ladenplakate dürfen nicht zu groß sein, um beispielsweise als Deckenhänger nicht die Sicht auf Hinweistafeln und Warengruppen-Piktogramme zu verbauen.
4. Sie sollten Platz lassen für
— konkrete Angebote
— Preise
— weitere Empfehlungen.
5. Möglichst Dachbegriffe wie »Sommerparty«, »Faschingstrubel«, »Kirchweih-Stimmung«, »Schützenfest« usw. optisch umsetzen und gegebenenfalls durch Fensterstreifen, Top-Schilder (direkt über dem Angebot) und kleine Regalstopper ergänzen, um das Motto am Ort des Verkaufs präsent zu machen.

Wie erfolgreich sind handgeschriebene Plakate?

Handgeschriebene Plakate — das bestätigen Untersuchungen immer wieder — werden von den Käufern »als wesentlich, aktiver, wilder, weniger konservativ und weniger häßlich empfunden« (53). Auch die Praktiker werden bestätigen: »Bei handgeschriebenen oder handgemalten Schildern sind bei Sonderaktionen Mehrumsätze von mehr als 100 Prozent gegenüber einer Ankündigung mit gedruckten Schildern möglich« (54).
Die Käufer erleben derartige Kaufsignale als spontane Angebote, als hochaktuelle Vorteile und als Beweis für die Leistung des Geschäfts, dessen einkäuferische Qualitäten durch ein solches optisches Verkaufsgespräch zwischen Display und Kunde betont werden.
Der RGH empfiehlt, Preisplakate auch in kleineren Geschäften nicht unter DIN A4 einzusetzen, »da kleinere Plakate bei einer Schrift, die aus einer Entfernung von 10 bis 15 Metern noch lesbar sein muß, nur schwer die notwendigen Informationen fassen«. DIN A1 (ca. 60 × 84 cm) ist

auch für große Supermärkte oder Verbrauchermärkte ausreichend (55).
»Verbraucher erwarten von Preisplakaten Hinweise auf besonders günstige Angebote. Soll diese Ansicht unterstrichen werden, empfiehlt es sich, Plakate gleicher Farbgebung, Größe und Typografie einzusetzen, um den Eindruck eines massierten Angebots zu erwecken. Ein Prinzip, das in Discountgeschäften erfolgreich angewandt wird« (56).
Eine RGH-Studie im Auftrag der Firma Promoflex (Meto Deutschland) kam im übrigen zu der Erkenntnis, daß die Verkaufsleistung eines Displays »nur über einen begrenzten Zeitraum hinweg optimal sein« kann. Danach ist

- eine längere Dauer als eine Woche nicht zu empfehlen, da ein Wirkungsverlust eintritt.

Wirkungsverlust kann aber dann weitgehend ausgeschlossen werden, wenn das aktionierte Produkt saisonale Verkaufsschwerpunkte hat. Text- und Displaywechsel sind bei allen Produkten regelmäßig — etwa innerhalb von drei bis sechs Tagen — erforderlich.

Farbig oder weiß?

Da kontrastierende Plakate grundsätzlich stärker wirken, ist die Wahl der Plakatfarbe unmittelbar vom Umfeld des Verkaufsraumes abhängig. Die gewonnenen Erkenntnisse der RGH:

- Trotz vielfältigem Warenangebot werden fast alle Lebensmittelgeschäfte von weißen und grauen Farben beherrscht — bedingt durch Regale, Kühlmöbel, Decke und Fußböden. Farbige Plakate fallen in einer solchen Umgebung stärker auf als weiße.
- Ein Test zwischen Leuchtrot und Weiß unter gleichwertigen Bedingungen ergab: Für Leuchtrot wurden eine 3,3mal höhere Wahrnehmung und ein 2,2mal höherer Umsatz registriert.
- Bei farbfreundlich eingerichteten Geschäften, in denen farbige Plakate nur schwer einen Kontrast zum Umfeld herstellen können, erzielen weiße Plakate die stärkste Wirkung.

Der Standplatz entscheidet mit

Die Verkaufsleistung des Displays ist wiederum eng mit dem Grad des Kundenflusses und der Wahl des Standplatzes im Geschäft verbunden. Die grundsätzliche RGH-Erkenntnis:

- Die höchsten Umsatzsteigerungen für Impulskaufartikel sind an den Stellen zu erzielen, die von den Käufern am meisten frequentiert werden, z. B.

— am Gondelkopf
— in den Außengängen
— im Kassenstauraum.

Allerdings: Produkte des täglichen Bedarfs, geschickt mit einem Display bestückt, werden auch an weniger »bevölkerten« Stellen des Ladens gut verkauft, z. B.

— in toten Ecken
— in Mittelgängen
— in der Nähe des Stammplatzes am Regal.

Displays fallen beim »ruhigen Einkauf« am stärksten auf: Frauen achten naturgemäß stärker auf Verkaufsbotschaften als Männer, aber auch sie werden dann von Verkaufssignalen und -botschaften am besten erreicht, wenn sie nicht in Eile kaufen.

Erkenntnis: Verkaufsbotschaften von Displays versprechen am Vormittag, am frühen Nachmittag — teilweise sogar am Samstag (allerdings nur in Geschäften außerhalb der City) — größte Wirkung, weil zu dieser Zeit die Kunden, vorwiegend Frauen, in Ruhe einkaufen.

Displays wirken außerdem als »Einkaufszettel«: Ihr Impuls-Charakter dient nicht zuletzt dazu, Käufer an den Bedarf und den Erwerb vergessener Produkte zu erinnern.

Wozu taugen Regal- und Sonderdisplays?

Plakate, die über den Häuptern schweben oder an den Fenstern kleben, taugen für sich allein noch nicht dazu, die Attraktivität des Verkaufspunktes zu verstärken. Je nach Anlaß und Absatzziel sind zusätzlich Regal- und Sonderdisplays unentbehrlich.

Regalstopper unterbrechen die Konformität von Regalfluchten und machen den vorbeieilenden Käufer auf eine Besonderheit am angestammten Platz des Produktes aufmerksam (»Stammplatz«). Entweder wird eine Preisaktion zusätzlich unterstrichen, eine neue Verpackung signalisiert oder eine Produkt-Neuheit, die um Zuspruch bittet. In allen Fällen gilt als Faustregel für erfolgreiche Regalstopper: *Je kleiner, desto besser, je auffälliger, desto lieber.*

Denn nichts ärgert Einzelhändler, Verkäufer und Käufer mehr, als wenn die »Pappnasen« der Regale zu groß geraten sind und den Zugriff erschweren, anstatt ihn zu erleichtern.

Findige Verkaufsförderer haben Regalstopper entwickelt, die gleichzeitig noch eine ordnende oder platzvergrößernde Funktion erfüllen. Zum Beispiel Artikel stapeln helfen und vermeiden, daß die wohlfeilen Angebote in Unordnung geraten oder über den Regalrand in die Tiefe stürzen.

Abzuraten ist von sogenannten Regaleinsätzen, die in den Gang hineinragen und der Hausfrau im unglücklichsten Fall blaue Flecken sowie dem regalpflegenden Personal schmerzhafte Beulen bereiten.

Regalstopper — Pfeile, Buttons, Aufkleber — sollten Ausnahme bleiben, da der Handel, wie schon betont, Sortimente und nicht einzelne Produkte zum Verkauf präsentieren will.

Weit besser kommen Sonderdisplays beim Handel an, wenn sie möglichst platzsparend und rationell zu handhaben sind.

Fix-und-fertig-Paletten, auf denen nur noch ein Aufstecker angebracht wird, sind das beste Beispiel für optische Zusatzsignale im Verkauf — allerdings hauptsächlich im Lebensmittel-Einzelhandel.
Gewiß wird der »Umkarton«, der sich zum Display umbauen läßt und — zusammengesteckt — einen »Hauch« von »schöner Pappe« ins Geschäft bringt, zur sparsamen Auflockerung der Gänge immer noch akzeptiert. Der Trend geht aber eindeutig zum palettierten (ganze und halbe Paletten) Sonderangebot, das — um dem Handel Kosten sparen zu helfen, nur noch mit Schrumpffolie umhüllt — rasch an den Verkaufsort gerollt (und wieder entfernt) werden kann.
Auch den funktionalen Sonder- oder Zusatz-Displays (z. B. Nonfood-Ständer, Schüttkörbe, Wühltische) aus massivem Material geben Experten mehr Chancen als der bedruckten Pappe. Sie können nach Beendigung der Aktion für andere Maßnahmen wieder eingesetzt werden.
Der Handel, der ohnehin unter dem Zuviel an Verpackungsmaterial stöhnt, wird bereitwillig auf derartige Verkaufshilfen zurückgreifen, nicht zuletzt wenn sie zum Mehrumsatz auch am Stammplatz (im Regal) beitragen.
So gesehen zeigt sich der wahre Promotionsexperte in der Beschränkung auf wesentliche Mittel als wahrer Meister und Partner des Handels.

*»Je informativer Ihre Werbung ist,
um so weniger werden Sie es
nötig haben zu überreden, dann
werden Sie nämlich überzeugen.«
David Ogilvy*

Die stummen Verkäufer – Verkaufsförderung lebt von Sonderplazierungen

Optische Signale fördern die Verkaufsförderung im Selbstbedienungszeitalter. Es ist also wichtig, sich um die einzelnen Arten dieser Impulsmöglichkeiten bzw. Impulsgeber zu kümmern. Nur so ist die Aufgabe zu lösen, die Kauf-Botschaft mit dem richtigen Werbemittel am Ort des Verkaufs (Point of Sale) »auszustrahlen«. Dieses Merchandising muß, wie schon anfangs gesagt, den Kaufimpuls, der von einer Ware ausgeht, verstärken.

Anzeigen, Handzettel, Plakate, Preisschilder und Regalstopper — so das vorangegangene Kapitel — führen als Wegweiser die Kunden an das hervorgehobene Angebot heran. Vor allem die Sonderplazierung, ihre Gestaltung, ihr Aufbau und ihr Einsatz beeinflussen die Chancen einer Aktion.

In ihren verschiedenen Spielarten gehören Sonderplazierungen und Sonderaufbauten zum wichtigsten Instrumentarium der Verkaufsförderung. Denn Verkaufsförderung lebt nach wie vor vom Außergewöhnlichen, vom »Jahrmarkt« bzw. von der »Sensation«. Nur so ist auch das Besondere von Sonderplazierungen zu verstehen: Die Einsatzmöglichkeiten dieser stummen Verkäufer richten sich nach den Platzverhältnissen, nach dem Organisationsaufwand und der wirklich einmaligen Botschaft des Angebots. Die Variationsmöglichkeiten reichen vom rasch aufgefüllten und mit einem entsprechenden Aktionsplakat versehenen Einkaufswagen bis zum Sonderaufbau — einem Probierstand, diesmal allerdings mit einer sprechenden Propagandistin.

Bevor wir im einzelnen auf Funktionen von und die Erfahrungen mit Sonderplazierungen eingehen, scheint es ratsam, das Verhalten und die Wünsche der Käufer, der »Rezipienten« im Prozeß der Verkaufskommunikation, näher zu beleuchten.

Moderne Verkaufsdisplays sind »nicht mehr von Pappe«: Sie umfassen ein System individueller Gestaltungsmöglichkeiten. Minimodelle wie hier von Display-Design sind eine wertvolle Hilfe für die »shop in the shop«-Planung. Der große Vorteil solcher Systeme: ihre Wiederverwendbarkeit.

Sonderplazierungen müssen ins Auge fallen und dennoch möglichst platzsparend konstruiert sein.

Der Käufer erwartet auch heute noch im Supermarkt »Jahrmarkt« — »sensationelle Neuigkeiten« in der Angebotspalette. »Das große Astra-Roulette« der Bavaria St. Pauli-Brauerei ist ein echter Hit und macht Einkaufen zu einem spannenden Erlebnis.

Auch unhandliche Produkte können auf engstem Raum optimal plaziert werden: durch diesen Element-»shop in the shop«.

Sonderplazierungen sind Informationsquellen

Wie wir wissen, kaufen nur drei von zehn Hausfrauen, die ein Geschäft betreten, nach einem »Spickzettel«. Sie möchten sich am Ort des Verkaufs über das Neueste vom Tage, der Saison oder der Industrie informieren, sie suchen Anregungen für Haushalt, Mode oder den persönlichen Bedarf. Eine Untersuchung des Käuferverhaltens im Rhein-Main-Gebiet (1974) kam zu der Erkenntnis, daß sich häufige Sonderangebote besonderer Beliebtheit erfreuen. Gerade bei der Wahl eines Lebensmittelgeschäftes:
60 Prozent der rund 3500 Befragten nannten den »preiswürdigen Einkauf« als Auswahlkriterium; die »besonders große Auswahl« folgte an zweiter Stelle mit 46 Prozent, aber schon dicht bedrängt von den »häufigen Sonderangeboten« mit 45 Prozent (Mehrfachnennungen) (57).
Bemerkenswert ist die Tatsache, daß die

Landbevölkerung dem Sonderangebot eine noch höhere Präferenz einräumt: Die »häufigen Sonderangebote« rangieren — im Gegensatz zur Stadt — schon an Platz zwei (nach dem »preiswürdigen Einkauf«). Mit anderen Worten: Zur modernen Einkaufsatmosphäre gehören Sonderplazierungen. Sie sind »Spielmaterial« für den schöpferischen Antrieb, wichtige Kriterien der tagtäglichen Selbstverwirklichung à la Ernest Dichter. 77 Prozent der Käufer informieren sich über Sonderangebote direkt im Geschäft — durch Plakate, Preishinweise und Sonderdisplays (58). Allerdings nimmt diese Informationsbereitschaft mit wachsendem Bedienungsanteil ab: Der Käufer möchte möglichst bis zum Kauf anonym bleiben und nicht schon von vorneherein (moralisch) auf ein Sortiment und eine bestimmte Auswahl festgelegt sein. Der Supermarkt, das Warenhaus usw. bieten also eine Art »Jahrmarkt«, ein wenig »Show«, wie es der Deutsche Supermarkt in seinen Leitsätzen formuliert.

Sonderplazierungen — also an bestimmten Stellen im Geschäft in den Blickpunkt gerückte Warenangebote — dienen dem Käufer als Informationsquelle über Kaufneuigkeiten, dem Einzelhändler verständlicherweise zur Umsatzsteigerung. Ihre »Dramaturgie« an bestimmten Plätzen im Geschäft erfordert sorgfältige Planung und Abstimmung.
Die Angebotsart für ein Sonderangebot wechselt ständig — je nach Größe, Form, Verpackung usw. des Artikels, der »zur Schau gestellt werden soll«. Experten empfehlen, Sonderplazierungen grundsätzlich nur an stark frequentierten Plätzen aufzubauen. Vor allem: an den Gondelköpfen, aber auch in der Eingangszone und in der Mitte des Marktes, je nach Platzverhältnissen. (Wir erinnern uns: Artikel des täglichen Bedarfs dagegen beleben die etwas ruhigeren Zonen im Laden oder Kaufhaus.)
Ähnlich wie im (Lebensmittel-)Schaufenster müssen Sonderangebote im Laden bequem greifbar, geschüttet oder gestapelt präsentiert werden. Nur so ist ein höherer Warenumschlag gewährleistet (und damit die kurze Zeit der Angebotsphase — drei bis sieben Tage — einzuhalten).
Sonderplazierungen umfassen
— Mehrstückangebote (z.B. 3er-, 6er-Pack)
— Mehrartikelangebote (Pflege-Sets usw.)
— Kombinationsangebote (Feuerzangenbowle mit notwendigem Zubehör, Rumtopf = frisches Obst und Rum)
— Einheitspreisangebote (0,99-DM-Aktion)

Sie ziehen damit Kunden magnetisch an bestimmten Regalen und Gondeln vorbei und gestalten den Gang durch den Laden abwechslungsreich. Allerdings: Ohne Großpreisschild und Dekoration ist eine Sonderplazierung unvollständig. Nicht zuletzt als Beweis für das Außergewöhnliche.
In die Dramaturgie der Verkaufsförderung spielt die Notwendigkeit, immer wieder Abwechslung zu bieten, mit hinein. Deshalb sind neben den Artikeln auch der Warenträger und die Form der Darbietung abzuwechseln.
Die Anordnung der Blickfänge bzw. des Blickfangs (einer pro Aufbau) muß schon von weitem signalisieren: Hier gibt es eine kleine »Sensation«.
Die Attraktivität eines Sonderangebotes wird durch ungepflegte und unzweckmäßige Warenträger ganz erheblich beeinträchtigt.
Sonderaufbauten, das beweist die Praxis, sind in
— zu schmalen Gängen
— im Stauraum der Kassen
— vor Frischabteilungen mit Bedienung
— im Ladeneingang

störend, da hinderlich.

Der Käufer sucht die »angenehme Wirkung«

Zum Regie-Effekt der Sonderplazierung zählt die bewußte Beachtung der psycho-

Die »Boutique 77« von Schulte und Dieckhoff als klassischer »shop in the shop« in Lebensmittelgeschäften.

logischen Signale, die nicht so sehr das eigentliche Produkt hervorheben, sondern die Situation, in der es konsumiert wird, betonen. Der Impuls, auf den es gerade hier ankommt, wird oft nur durch den »ausgefunkten« Hinweis ausgelöst, daß mit dem Kauf eine besonders angenehme Situation — Entspannung, Genuß und Zufriedenheit — erzielt werden kann. Der Preisvorteil — oft nicht einmal rational durchkalkuliert — dient häufig nur als Alibi. Der Käufer denkt weniger über die eigentliche ökonomische Vergünstigung nach, sondern ergreift die Gelegenheit

Sonderangebot und Warenprobe — ideal miteinander kombiniert.

beim Schopf, etwas Angenehmes zu erleben (und sei es die befriedigende Vorstellung, ein Produkt, das sonst nur zu einem höheren Preis zu haben ist, für eine bestimmte Zeit günstiger zu konsumieren). Merkpunkte:

- Je höher nun die angenehme Wirkung der »ausgefunkten« Botschaft, desto stärker der Impuls.
- Sonderangebote aus dem ständigen Ladensortiment sollten in unmittelbarer Nähe des angestammten Regalplatzes aufgestellt werden, Neuheiten möglichst zu passenden Sortimenten.

Die Allsicht-Kugelschütte von Display-Design: 14 verschiedene Typen ermöglichen ein maßgeschneidertes Programm »stummer Verkäufer«.

Die richtige Zweitplazierung

Verkaufsförderungsaktionen, die nicht an eine Warengruppe gebunden sind, können ohne weiteres neben Sonderangeboten (Spezialaufbauten) auch Zweitplazierungen umfassen. Bei der (richtigen) Zweitplazierung wird der Artikel nicht nur an seinem sortimentsgebundenen Regalplatz feilgehalten, sondern mit Artikeln einer anderen Warengruppe zu einer Verbundidee kombiniert.
Ein Beispiel: Zu einem HiFi-Plattenspieler werden Schallplatten mit einem Pau-

Die »Jumbo-Kugel« besitzt ein großes Fassungsvermögen.

schalangebot (oder auch nicht) plaziert. Oder: Im Nudelregal steht eine Reihe Dosen-Gulasch.
Zweitplazierungen sind Zusatzangebote, mit denen impulsabhängige Zusatzkäufe angeregt werden sollen. Entsprechend muß die werbliche Gestaltung ausfallen: Deko- und Preisplakate weisen auf eine bestimmte Verzehridee, auf eine ideale Ausstattung, auf eine attraktive Gelegenheit usw. hin. Auch der Rahmen dieser Kombination muß stimmen: Grill-Zubehör in der Fleischabteilung — das paßt, dagegen Frischfleisch im Non-food-Regal

Der »Jumbo-Trichter« als auffällige Variante.

bzw. in der Gewürzbar — nicht vorzustellen.

»Shops in the shop«

Es wurde bereits auf die Ambitionen des Handels hingewiesen, so rationell wie möglich zu verkaufen — also auch im »Show«-Business der Sonderangebote. Die von der Industrie mitgelieferten »schönen Pappen« taugen meist nur für eine Aktion und müssen dann weggeworfen werden. Zweckmäßiger erscheinen Warenträger und Aufbauhilfen, die wiederverwendbar sind. Dazu eignen sich die traditionellen Schüttkörbe, die Regaleinsätze — ebenfalls aus Draht — und die leider recht unansehnlichen Paletten. Auch der Fachhandel, dessen Dekorateure in der Regel länger einsetzbare Sonderaufbauten zimmern, ist an Systemen interessiert, die die Materialschlacht in Grenzen halten. Nicht zuletzt weil damit unnötige Kosten eingedämmt werden können. Zunehmend werden solche Systeme — Shops oder Verkaufsstände — als fest eingeplante Verkaufseinheiten in die großflächigeren Betriebe eingefügt.

»Die Schwierigkeit, aber auch die Notwendigkeit, einen Verkaufsraum ›atmosphärisch‹ zu gestalten, wächst mit zunehmender Ladengröße. Je größer der Betrieb, desto eher besteht die Gefahr, daß die Monotonie der Anordnung und Präsentation ins unermeßliche steigt. Das Auge des Verbrauchers findet an den endlosen

Die »Jumbo-Säule« zeichnet sich durch extrem niedrigen Platzbedarf aus.

Regal- und Gondelreihen keinen Haltepunkt, die Phantasie keinen Anstoß, an dem sie sich entzünden könnte.«
Die Lösung: Der Großraum wird gegliedert durch Shops, Boutiquen, Spezialwarenträger, in denen einzelne Artikel, Artikelgruppen oder Bedarfsbündelungen präsentiert werden (59).
Nach Siebert und Wagener ist zudem Bedienung bei »shop in the shop« keine unabdingbare Voraussetzung. So z. B. beim Geschenk- oder Kaffee-Shop.
»Ein wesentliches Merkmal des erfolgreich praktizierten Shop-Prinzips ist die volle Integration in die Konzeption des jeweiligen Marktes. Sind z. B. Sonderangebote, Niedrigpreise, riesige Warenberge und impulswirksame Massenpräsentation Hauptbestandteile eines SB-Warenhauses, so können diese Elemente auch im dort einzurichtenden Shop übernommen werden« (60).
Produktsymbole, Marken oder Tiefstpreis-Hinweise können diese Shops kennzeichnen. »Das Wichtigste im Shop ist die Ware. Nur eine offene Bauweise läßt den freien Blick von außen auf das Angebot zu und macht es der bunten, abwechslungsreichen Vielfalt der Ware möglich, die Kunden anzulocken« (61). Sowohl beim Shop wie bei den einzelnen Warenträgern gelten die Gesetze der Klarheit:

Facing
Die Produktpackungen müssen »ihr Ge-

sicht zeigen« (und nicht auf der Nase liegen oder in Schubladen versteckt sein).

Massendisplay
Warenfülle hat magnetische Wirkung! Auch im kleineren Rahmen Prinzipien der Schüttung und der Stapelung anwenden.

Farbliche und werbliche Auflockerung
Gleichförmiges wirkt steril und tötet die Kauflust. Farbliche Kontraste dagegen erhöhen die Aufmerksamkeit der Kunden. Der Einbau von aktuellen werblichen Elementen (z. B. bei Neueinführungen oder Verkaufsförderungsaktionen) bringt zusätzliche Auflockerung und erhöht die Attraktivität (62).

SB-Warenhäuser haben eigene Gesetze

Beachtenswert ist in diesem Zusammenhang, daß bestimmte Merchandising-Regeln im SB-Warenhaus von den üblichen Empfehlungen bei SB-Geschäften und Supermärkten des Lebensmittelhandels abweichen: So ermittelte das Institut für Selbstbedienung (ISB), Köln, daß die in Supermärkten übliche »Wandbezogenheit« der Kunden im SB-Warenhaus nicht zutrifft. Hier werden im Lebensmittelbereich die Kunden durch relativ breite Gänge zu den Frischwaren-Abteilungen geführt. Negative Auswirkung: Die Kundenfrequenz in den Nebengängen der Marktmitte ließ nach. Hier sind also noch Umsatzreserven zu mobilisieren.

Das Interesse der Kunden an den im SB-Warenhaus eingerichteten Bedienungs-Shops für Wurst, Käse, Drogeriewaren, Textilien sowie Uhren/Schmuck war, im Schnitt der Woche gesehen, geringer als erwartet. Von Mittwoch an stieg in allen Shops die Kundenfrequenz deutlich an.
Die größte Beachtung fand der Wurst-Shop: Rund 30 Prozent aller Kunden zeigten für dieses Sortiment Interesse, 84 Prozent von ihnen kauften hier ein, obwohl in unmittelbarer Nachbarschaft des Shops Wurstwaren in Selbstbedienung angeboten wurden. Der völlig abseits gelegene Shop für Uhren und Schmuck konnte sich nur über 3,8 Prozent der Kunden freuen (63).

Moderne Warenträger lassen die Ware sprechen

Der Zwang zu sparen bringt es mit sich, daß »shops in the shops« keine riesigen Kleinläden sein können. Ebenso spricht die Notwendigkeit, gegebenenfalls eine völlig neue Anordnung der Bedienungs- bzw. Sonderangebots-Shops vornehmen zu müssen, gegen solche aufwendigen Installationen.
Pappe ist als Dauerdisplay wenig geeignet. Rationellere und universellere Einsatzmöglichkeiten bieten Systeme aus Kunststoff, die zudem neue Formen der Warendarbietung gestatten. Die Firma Display-Design GmbH für moderne Verkaufsförderungsmittel und Raumausstattung hat einige Erfahrungen mit der Akzeptanz

»Jumbo-Kugel« und »Jumbo-Säule« mit voller Sicht auf die Ware und minimalem Platzbedarf. Hier die exakten Maße und das Fassungsvermögen.

Kugel 1/2
Höhe 83 cm
Durchmesser 80 cm
maximales Füllgewicht 25 kg
Inhalt 450 Schachteln
10 x 6,5 x 3 cm

Kugel 1/1
Höhe 123 cm
Durchmesser 80 cm
maximales Füllgewicht 100 kg
Inhalt 750 Schachteln
10 x 6,5 x 3 cm

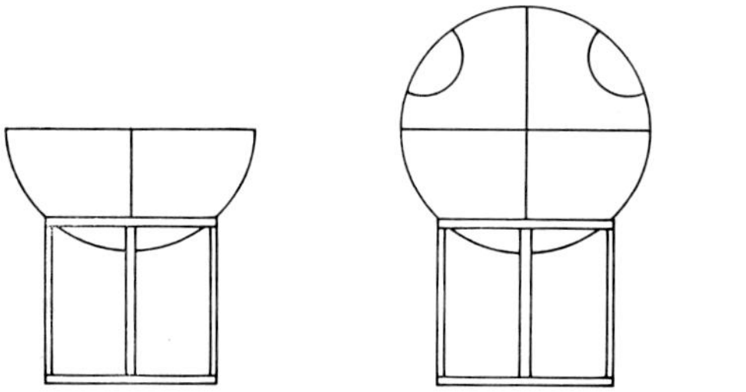

Höhe 187 cm
Durchmesser 38,5 cm

maximales Füllgewicht 70 kg
Inhalt 370 Schachteln
10 x 6,5 x 3 cm

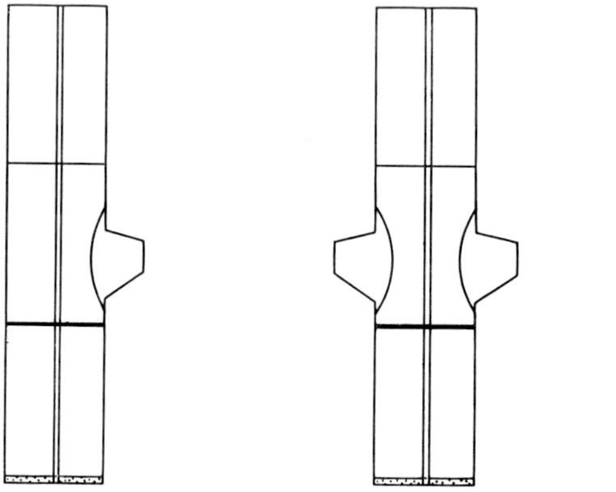

derartiger Verkaufshilfen. Neu ist z. B. die Allsicht-Kugelschütte: ein Display, das volle Sicht auf die Ware erlaubt, große Stabilität aufweist, flach zu verpacken ist. Auch »Jumbo-Säule«, »Jumbo-Trichter«, »Jumbo-Kugel« bzw. »Jumbo-Ei« sind ausgesprochene Blickfänge. Ebenso das Klarsichtfolien-Display für jede Menge Schütt- oder Stapelware. »Optimale, geballte Warendarbietung auf wenig Raum« verspricht der Werbeprospekt. Hervorgehoben wird die systembedingte Flexibilität im Hinblick auf Ladengröße und Kundenfrequenz sowie die unkomplizierte Aufstellung. Für SB-Märkte mit großem Umschlag zählt insbesondere das »außergewöhnlich günstige Verhältnis Displaykosten — Warenmenge«.

Für die Theke wurden aus den Grundmustern eigene Displays entwickelt. So läßt sich ein Standard-Display mit relativ kleiner Bodenfläche in erstaunlicher Vielfalt abwandeln. Kommentar von Marketingleiter A. E. Hertlein: »Je mehr Schüttware in ein Ei oder eine Säule geht, desto günstiger sind die Kosten.«
Keine Pappe, kein unnötiges Display behindert den Blick. Die Ware spricht für sich — abgesehen vom Markensymbol und dem Preishinweis. »Von drei Entschlüssen«, bemerkt Hertlein, »werden zwei im Geschäft getroffen. Das sollte doch zu denken geben. Der Endkampf um die Marktanteile wird immer noch im Shop oder am Regal bzw. an der Sonderplazierung entschieden.«

Erstaunliche Resultate

Wie ein solcher »Endkampf« aussehen kann, wenn man derartig futuristische Displays einsetzt, beschrieb die »Lebensmittel-Zeitung« nach einem Testlauf der Display-Design-Verkaufshilfen (produziert in Kelkheim) im Ulmer Filialbetrieb Gaissmaier:
»Das Ergebnis: außerordentliche Absatzsteigerungen, obwohl auf Preisreduzierungen und zusätzliche Werbeunterstützung verzichtet wurde« (64).
Beispiel: Im »Jumbo-Trichter« erreichten »Ladon«-Seife ein Plus von 66,7 Prozent und »Leibniz-Kekse« ein Plus von 31,4 Prozent. In der »Jumbo-Kugel« und im »Jumbo-Ei« erzielte »Nescafé Gold« einen um 49,6 Prozent bzw. 50,4 Prozent höheren Abverkauf. »Ladon«-Seife zog in der »Jumbo-Säule« um 33,3 Prozent an, »Leibniz-Kekse« stiegen um 68,6 Prozent. »Trumpf-Schogetten« verbesserten sich in der »Jumbo-Kugel« sogar um 80,5 Prozent, im »Jumbo-Ei« dagegen nur um 19,5 Prozent.
Diese unterschiedlichen Richtwerte zeigen, daß Produkt und Displaygestaltung in Einklang gebracht werden müssen bzw. das jeweils für ein Produkt passende Display notfalls im Test erprobt werden muß. Es besteht nämlich beispielsweise eine Wechselbeziehung zwischen der Größe des Produkts und der Größe der Entnahmeöffnung im Display. Daher die Steigerung um das Vierfache bei »Trumpf-Schogetten« in der Kugel gegenüber dem Display-Ei (65).

Steigerung durch Transparenz-Display

	Nescafé Gold	Ladon-Seife	Leibniz-Kekse	Schogetten
Normalverkauf*	515	608	636	2023
Displayaktions-verkauf**	1161	2862	1295	5280
Mehrverkauf	646 (125,4 %)	2254 (370,7 %)	659 (103,6 %)	3257 (160,9 %)
Nachverkauf ohne Display***	788	1775	nicht erfaßt	nicht erfaßt
Mehrverkauf	273 (53 %)	1167 (191,9 %)	—	—

**) 2-Wochen-Durchschnitt vor Aktion für Kaffee und Seife*
4-Wochen-Durchschnitt für Kekse und Schogetten
***) jeweils 14 Tage lang*
****) 14 Tage nach Displayeinsatz*

Quelle: LZ v. 4. 6. 1976, IV

Natürlich sind nicht alle Produkte für die gezeigten Displayformen geeignet, besonders nicht für die Schütt-Displays. Andererseits können bei kantigeren Produkten andere Kombinationen zu Hilfe genommen werden — vielfach in Form von Baukästen.
Die Firma Display-Design hat zur Planung sogar kleine Modelle entwickelt, die bei der Präsentation und für die Neugestaltung hervorragende Dienste leisten. Das große Plus dieser Systeme ist ihre nahezu unbegrenzte Verwendbarkeit und Einsatzmöglichkeit — auch in Kombination mit zusätzlichen Dekorationen.

Grundregeln der Display-Gestaltung

Nach einem Wunschkatalog der »Lebensmittel-Zeitung« sind bei der Display-Gestaltung (Warenträger) folgende Punkte zu beachten (66):

I. Funktionale Grundbedingungen

1. Das Diplay soll die Ware zeigen
Verkauft werden soll nicht der Warenträger, sondern die Ware. Je mehr Ware besser gezeigt und je weniger Displaymaterial verwendet wird, desto besser. Das Display hat in diesem Zusammenhang lediglich die Funktion eines Rahmens, der das Warenbild aber nicht erschlagen soll. Die optimale Sicht auf die Ware soll möglichst von allen Seiten gewährleistet sein. Trotzdem werden dem Handel noch immer Aktions-Warenträger angeboten, die weniger dem Anbieten von Ware als vielmehr der Sicherung von Werbefläche für das Produkt dienen.

2. Leichte Entnahme von Ware
Die Sonderplazierung soll Impulskäufe auslösen. Der Kunde muß sich leicht bedienen und damit ungehindert zugreifen können. Der psychologische Effekt des »Dunkellochs« darf nicht auftreten.

3. Kleine Grundfläche
Gegen diese ganz selbstverständliche Grundbedingung wird wiederholt verstoßen, obwohl der Handel den Herstellern immer wieder vorrechnet, welcher Umsatz pro Quadratmeter Verkaufsfläche erzielt werden muß. Großes Fassungsvermögen auf kleinster Grundfläche ist deshalb eine unabdingbare Forderung, die an jeden Aktions-Warenträger gestellt werden muß.

4. Ausreichende Sicherheit
Das bedeutet natürlich die Verwendung eines entsprechend guten Materials und damit auch oftmals höhere Kosten. Hier wird gelegentlich am falschen Ende gespart. Der Trend der Zeit geht jedoch eindeutig zu besserer Qualität und reduzierter Quantität.

II. Optische Grundbedingungen

1. Attraktives Aussehen
Das Display soll nicht nur im Hinblick auf Handhabung und Warenpräsentation funktionsgerecht und funktionssicher ge-

staltet sein, es sollte auch attraktiv aussehen. Dies heißt unter anderem: Es darf das Niveau eines Geschäfts nicht negativ beeinflussen. Eine aufgeweichte, schlappfüßige Wellpappschütte z. B. war früher schon ein Ärgernis, hat aber heute überhaupt keine Einsatzberechtigung mehr und schädigt das Image von Marke und Handelsunternehmen gleichermaßen.

2. Blickfangeffekt

Hier spielen Form und Farbe zusammen. Das Display soll ins Auge fallen und die gewohnte Ladenatmosphäre auf angenehme Weise durchbrechen. Marktschreierische Effekte sind nicht erwünscht, wohl aber eine markante optische Ausstrahlung. Zunehmend werden diese Forderungen inzwischen auch bei Herstellerdisplays berücksichtigt, die dem Handel angeboten werden. Ausgelöst wurde diese Entwicklung nicht zuletzt durch eine Untersuchung der »Lebensmittel-Zeitung« zur Verkaufsförderung im Lebensmittelhandel. Sie machte nämlich eine für Hersteller und Werbeagenturen gleichermaßen erschrekkende und niederschmetternde Erkenntnis aktenkundig: Über 50 Prozent des angebotenen Displaymaterials wird vom Handel überhaupt nicht verwendet.

Wie sich die Bilder gleichen: Sowohl in Wien (links) als auch in Mainz (rechts) zeichnen lange und breite Gänge den Carrefour-Hypermarkt aus. Hinweisschilder auf die einzelnen Verkaufsgondeln und zeitweilig ein Aktionsplakat sind die spartanischen Bestandteile der Carrefour-Werbemittel.

»Voici les produits libres.
Sans nom. Aussi bons. Moins chers.
Chez Carrefour.«
Slogan der Carrefour-Werbung
für die »weißen« Produkte.

Der »sprachlose Verkauf« – Beispiel Carrefour

Die Selbstbedienung in der Bundesrepublik Deutschland erlebt augenblicklich eine Übergangsphase: Einerseits wird die totale Selbstbedienung à la Amerika allein über den Weg der Standortbegrenzung infolge zunehmender staatlicher Restriktionen kaum mehr möglich sein, andererseits sind die Käufer hierzulande wieder mehr für persönlichen Service beim Verkauf zu haben.

Die in bundesdeutschen Supermärkten und Warenhäusern praktizierte Mischform von Selbstbedienung, Teilselbstbedienung (Beratung am SB-Regal, kombinierter Theken- und SB-Verkauf) und Bedienung (Beratung und Konfektionierung der Ware beim Verkauf) wird sich weiterhin je nach Standort, Verkaufskonzeption und Zielgruppen in neuen Spielarten fortschreiben. Derzeit sind die großen Verkaufsorganisationen speziell im Lebensmittelbereich bestrebt, kostenintensive, austauschbare Subventionsartikel in den Kontaktstrecken der Regale zu drosseln.

Nicht mehr das Totalangebot wird in den Verkaufsstellen bis etwa 400 Quadratmeter gepflegt, sondern die zunehmend auf das Publikum und die möglichen Käuferhaushalte ausgerichtete Angebotsstrategie.

Das Miteinander einzelner Vertriebslinien hat begonnen: Ein Bäcker- oder Fleischerfachbetrieb mit Thekenverkauf und Teil-SB, der Verbrauchermarkt vor den Toren der Stadt, der »discountende« Filialbetrieb oder der Nachbarschaftssupermarkt — sie alle erfüllen je nach Kundenbedürfnis eine profilierende Aufgabe und richten sich auf den Ausbau dieser Marktstärke ein. Die Bäckerei wird die unverpackte Frischware mehr in den Vordergrund rücken, der Verbrauchermarkt den Vorratskauf bei großer Auswahl, die Discountfiliale den Tiefpreisartikel ohne Unkosten (also ohne die umständliche und kostenintensive Anfahrt auf die »grüne« Verkaufswiese der SB-Warenhäuser und Verbrauchermärkte) und der Nachbarschaftssupermarkt die Frische und Preiswürdigkeit beim täglichen Bedarfseinkauf.

Marktgefüge stabilisiert sich

Somit hat sich im idealsten Fall der Markt trotz massiver Umwandlungsprozesse zunehmend wieder stabilisiert; Philosophen würden sagen: auf einer höheren — dem beweglicher gewordenen Verbraucher dienlicheren — Ebene neu eingependelt. Dennoch wäre es unrealistisch, an einen Stillstand oder an eine Patt-Situation an der Verkaufsfront zu glauben. Ideenreiche Anbieter drängen auch weiterhin in den Markt. Teilweise mit recht spektakulären Maßnahmen bzw. Vorsätzen. Einer dieser findigen Anbieter ist die französische Carrefour-Gruppe, die im Herbst 1977 ihren ersten »Hypermarché« in der Bundesrepublik eröffnete (in Mainz) und mitten zwischen den vorhandenen Verkaufshünen wie »Massa« oder »Toom« (Rewe-Leib-

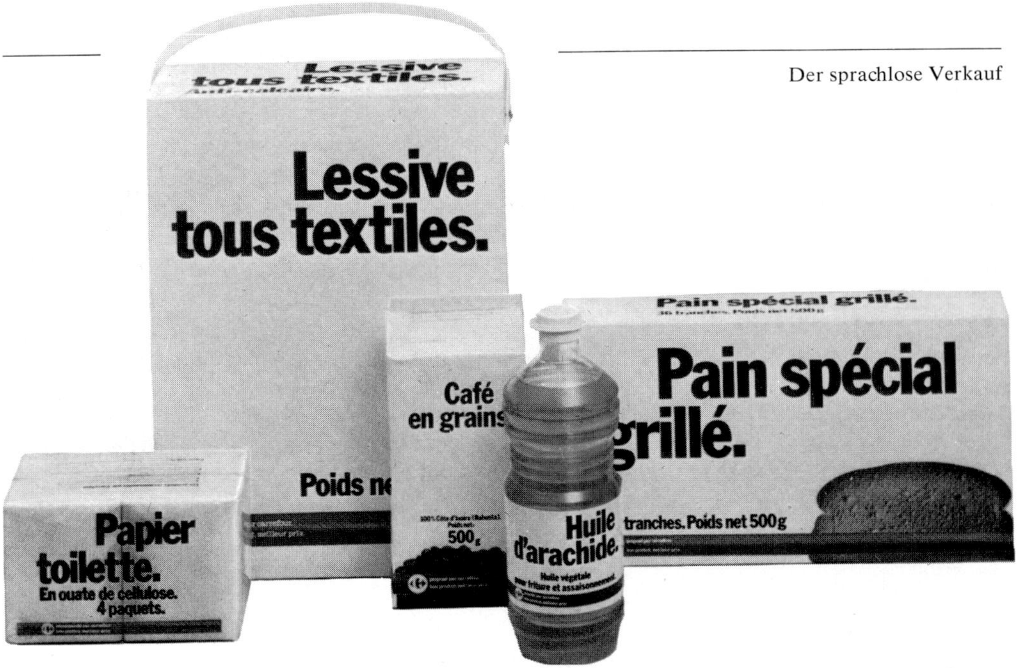

Die »weiße Linie« von Carrefour. — Das Carrefour-Signet.

brand) bzw. »Wertkauf« (Mann-Gruppe) die Angebotsschlacht um die Verbraucher in der Rhein-Main-Nahe-Region begonnen hat.

Den Namen Carrefour trugen 1976 genau 66 SB-Warenhäuser in Frankreich, Belgien, der Schweiz, Spanien, Österreich, Großbritannien, Italien, Brasilien und Südafrika. Die Muttergesellschaft in Frankreich realisierte 1976 (einschließlich Mehrheitsbeteiligungen) einen Umsatz von 4,5 Milliarden DM (ohne Mehrwertsteuer) in 50 Häusern. In Deutschland ist die Mutter zu 20 Prozent an der mit der Cornelius Stüssgen AG und der belgischen Delhaize Frères Le Lion gegründeten Betriebsgesellschaft Interkaufpark GmbH beteiligt. Mehrheitsgesellschafter ist Stüssgen mit 60 Prozent (Delhaize hält die restlichen 20). Stüssgen-Umsatz: über 600 Millionen DM.

Sonderangebot in Wien: Das Preisschild hängt wie eine Diagnosetafel über dem Angebot.

Was ist anders an Carrefour?

Schon lange bevor Carrefour seinen Einstand in Deutschland gab, eilte dem Franzosen der Ruf des Marken-Schrecks voraus: Das 1976 eingeführte »weiße« Programm, die Range der »produits libres«, wurde — teilweise sogar mit politischen Vorzeichen — als neuer, verbraucherfreundlicher Weg gegen überhöhte Markenartikelpreise gefeiert. Als Absage an die Produktwerbung sowohl in den Publikumsmedien als auch am Verkaufspunkt. Lediglich der Inhalt der »freien« Carrefour-Produkte war auf der weißen Verpackung deklariert:

- Art, Beschaffenheit und Stückzahl bzw. Gewicht.

Ein aufgedruckter Hinweis verbürgt gleiche Qualität wie bei vergleichbaren Markenartikeln — nur zum billigeren Preis.
Diese Attacke auf die Marke, die von jeher für die Aufrechterhaltung ihrer Qualität und Bekanntheit ein wenig mehr vom Geldbeutel der Käufer beansprucht als etwa die »Handelsware« bzw. die Eigen-/Handels»marke«, stützt sich auf das Argument, daß teure Publikumswerbung und Promotion am Point of Sale unterbleiben und somit das »freie« Produkt von Haus aus billiger angeboten werden kann.
Ist damit die kommunikative Abstinenz am Verkaufspunkt möglich geworden? Oder sind die »freien« Produkte, wie es die markterfahrene Discount-Linie Albrecht kommentierte, »alter Wein in neuen Schläuchen«? Was ist generell anders bei Carrefour?

Statt »Marke« nur noch »Artikel«?

Wer die Carrefour-Häuser in Wien und Mainz besucht, wird zunächst einmal feststellen, daß die sogenannte »weiße« Linie von Carrefour — bis jetzt jedenfalls — im deutschsprachigen Markt nicht in Erscheinung tritt. Gewiß, der Einsatz dieser Carrefour-Artikel ist nicht völlig auszuschließen, andererseits wenig wahrscheinlich (in Mainz sprach man von »Überlegungen« dieser Art). Die hiesigen Marktmanager dürften jedoch so klug sein, derartige Entscheidungen an den Marktbedürfnissen zu orientieren.

Ist damit aber nicht schon eine Antwort auf die »weißen« Produkte gefunden? Mit Sicherheit.
Erkenntnis: »Marken« sind durch »Artikel« nicht zu ersetzen, sie sind allenfalls in ihrer preislichen Bewegungsfreiheit einzuengen.
In Mainz (wie auch in Wien) ist bei der Carrefour-Konzeption bezeichnenderwei-

Warenfülle vor Information: Carrefour verlangt von seinen Kunden Geduld, Zeit und gutes Schuhwerk.

se von »Marke« keine Rede, dagegen von
- Übersichtlichkeit,
- Qualität (für deutsche oder österreichische Verbraucher jedoch aus Tradition kaum von der Marke zu trennen),
- Preiswürdigkeit,
- weitgehender Vollständigkeit des Angebots und
- klarer, einfacher Verkaufsorganisation.

Carrefour Mainz wörtlich: »Das System

Nur an den Frisch-Bedienungstheken ist noch echte Produktkommunikation möglich.

›carrefour‹ besteht im wesentlichen darin, mit überzeugender Übersichtlichkeit (u. a. Gangbreite zwischen 6 m und 9 m) ein qualitativ und preislich hervorragendes, nahezu komplettes Warenangebot (ca. 50 000 Artikel) vorwiegend in Selbstbedienung zu präsentieren. Hinzu kommt eine klare und einfache Organisation, in Mainz besonders erleichtert durch den Einsatz des neuen, zusammen mit IBM entwickelten, geschlossenen Warenwirtschaftssystems, mit dessen Hilfe alle Vorgänge vom Wareneingang bis zum Check-out (über 60 Kassen on-line) erfaßt werden.«

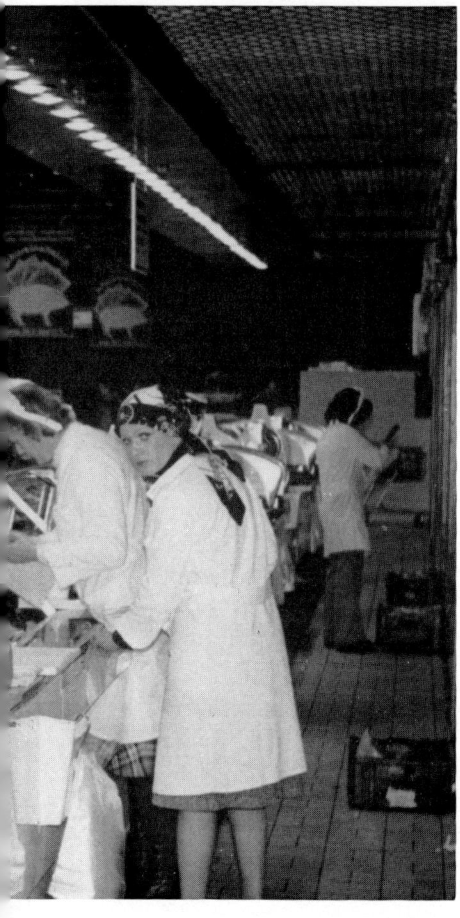

Dann aber folgt der in der Praxis unterschiedlich beurteilte Anspruch: »Carrefour verbindet also Preisaggressivität, ausgewogenes Food- und Non-food-Sortiment mit Abteilungen, die den Charakter von Fachgeschäften aufweisen.«

Food ist auf 5000, Non-food auf 7000, das Bau- und Hobby-Angebot auf 3500 und drei Restaurants sind auf 1000 qm vertreten. Fachlich orientierte Drittpartner (also Untermieter) teilen sich 1500 qm: Friseur, »Mister Minit«, Reinigung, Geschenk- und Kunstgewerbe-Boutique, zwei Modeboutiquen, Auto-Service-Center (einschließlich Waschstraßen/Tankstelle) und Teilzahlungsbank.

Wenig optische Hilfe

Jeder Käufer, der Carrefour betritt, wird die Großzügigkeit der Warenpräsentation voll und ganz bestätigen: Es gibt dank der breiten Gänge kein Gedränge, die langen Regalgondeln erlauben mehreren Käufern die gleichzeitige Mengenentnahme des gleichen Produkts.

Die von der »weißen« Produkt-Philoso-

Über dem langen Kuchenregal ein spärlicher Werbeslogan: »Täglich frisch aus der Carrefour-Konditorei«.

phie übernommene Strenge läßt als Angebotshinweise lediglich »Wegweiser« zu, die über den Mittelgängen hängen und auf Artikelgruppen aufmerksam machen. In den Regalen selbst wird kein einzelner Artikel besonders — etwa durch Regalstopper oder -streifen — hervorgehoben. Das Prinzip der »égalité« (Gleichheit) findet selbst in der »Carrefour-Revolution« seinen marketing-technischen Niederschlag ...

Bei Carrefour muß allein die Ware auf sich aufmerksam machen. Da aber tauchen die ersten Widersprüche zur 1976 proklamierten »Freiheit« der »weißen« Produkte auf. Wie wir aus dem Kapitel zum Thema Verpackung wissen, mußte gerade im aufkommenden Markt der Massenangebote die Verpackung die eigentliche Verkäuferrolle übernehmen. Erkennbarkeit und Wiedererkennbarkeit — d. h. vor allem schnelle Orientierung — machen die Packungsgestaltung zum Nonplusultra des SB-Verkaufs. Gleichzeitig müssen besonders bundesdeutsche Gesetzesvorschriften zum Stichwort Produktdeklaration beachtet werden.

Ein weitgehend — auch textlich — »weißes« Produkt ist hierzulande schon formal sehr schwierig zu etablieren. Vor allem wären die Käufer restlos überfordert, wenn sie beim Gang durch die Riesengänge jede einzelne Packung »ablesen« müßten, statt sich auf Kaufsignale wie Farben,

Signets und Design zu verlassen. Vom »appetite appeal« ganz zu schweigen: Wer statt »Fränkisches Roggen-Toastbrot« nur »Spezialtoast« liest, wird sich eher »krank« als »angeregt« fühlen, da er im Extremfall an Reform- oder Diätkost denkt. *Der Mangel an Assoziationsmöglichkeiten wirkt sich bei einem total »geweißten« Sortiment mit Sicherheit abschreckend aus.* Es drängt sich also der Verdacht auf, daß

Gerade bei Frischprodukten zählt neben der Qualität allein der Preis.

In Mainz notiert: Schütt-Container ohne Wegweiser auf einzelne Produkte.

mit der »Weißheit« in französischen Carrefour-Regalen eher ein gelungener Werbe-Coup gelandet werden sollte, mit dem Ziel, dem Riesen Carrefour das Image eines nonkonformistischen Preis-Radikalen zu verpassen — was schließlich auch gelang.

Beim Thema Umsatz mit »weißen« Produkten nagen Zweifel:

»Die Reaktion der Käufer scheint bisher günstig. Je nach Region rückten die ›freien‹ Produkte bei Carrefour zu Lasten der Markenartikel auf 30 bis 45 Prozent vom Umsatz vor. Allerdings erreichte die Gruppe im April (Anm.: 1976) nur um 11 Prozent höhere Umsätze als im Vergleichsmonat 1975, während ihr Hauptkonkurrent Euromarché 21 Prozent mehr umsetzte« (67).

Offensichtlich konnten die »freien« Artikel die Käufer nicht zum Mehrumsatz anregen, sonst wäre — bei niedrigeren Preisen für die »weiße« Linie — wenigstens ein vergleichbarer Zuwachs herausgekommen. Auch die Substitution von Marken hat somit ihre Grenzen. Nicht anders ist es zu erklären, daß bei einer Artikelfülle von bis zu 50 000 nur 50 Artikel des täglichen Haushaltsbedarfs in neutraler weißer Verpackung angeboten werden. Insbesondere scheint es fraglich, ob es Carrefour gelingt, so viele mittelständische Unternehmen zu finden, die bereit sind, nach den strengen Qualitätsnormen des Handelshünen —

Ein Netz als Dekostück: kein Werbematerial auch in der Textilabteilung.

ohne eine Aussicht auf individuelle Marktbearbeitung zugunsten des eigenen Produkts — und möglichst noch zu Gestehungskosten in Konkurrenz zu den großen Markenartiklern die gewünschte »weiße« Ware herzustellen. Die deutliche Zurückhaltung im bundesdeutschen Markt dürfte ohne Frage mit den Erfahrungen zum Thema Handelsmarken zu erklären sein, die auch Mehrheitsgesellschafter Stüssgen machen durfte.

Erkenntnis: Handelsmarken werden vom Verbraucher genauso kritisch unter die Lupe genommen wie Markenartikel. Wenn sie in dem vom Käufer gesetzten Preisrahmen akzeptiert werden wollen, müssen sie die Konkurrenz mit dem Image, der Qualität, dem Genuß- und Zusatznutzen-Versprechen der Marken-Produkte aufnehmen. Bei dieser Kür bleibt manche Handelsmarke auf der Strecke, zumal durch die Mischkalkulation der unerbittlichen Mitbewerber oft genug attraktive Blickpunkt-Artikel, Marken mit zugkräftigem Image, aus den Fabrikhallen der Markenartikelindustrie noch günstiger angeboten werden. (Im Gegensatz zu Deutschland ist in Frankreich der so praktizierte Preiskampf — Unter-Einstand-Verkauf — per Dekret verboten).

Carrefour muß sich also hierzulande einem »Massa« oder »Suma« (Hurler-Gruppe) stellen, die ausdrücklich auf Eigenmarken verzichten und die »Markenartikel zu

Niedrigstpreisen« auf ihr Konkurrenzschild geschrieben haben. Daher hätten Carrefours »weiße« Produkte in der Bundesrepublik nur wenig Chancen. Als Werbegag vielleicht — aber dann auch nur im bunten und vielfältigen Umfeld der Industriemarken.

Wenn der Verkaufspunkt »sprachlos« wird

Immerhin beachtenswert ist bei Carrefour die konsequente Sparsamkeit mit Werbemitteln üblicher Klaviatur. Die »Rundschau für den deutschen Einzelhändler« notierte unlängst bei einem Besuch von Carrefour Wien die Plus- und Minuspunkte des dortigen Hypermarktes in der Shopping-City Süd:

»*Plus:* Das Frischekonzept. Beeindrukkend ist, wie an Ort und Stelle z. B. Bäkkerei- und Konditoreiwaren (lediglich durch eine Glaswand vom Verkaufsraum getrennt) produziert und ofenfrisch verkauft werden. Das gleiche System der Ver-

Ware stangenweise: Lediglich rationell eingesetzte Innenausstattung vermeidet den Magazincharakter.

Regale, Regale — kein Regalstopper, keine Grifflücke, an denen das Auge bzw. die Hand »anhalten« kann.

arbeitung von Fleisch und Wurst am Point of Sale ist auch schon in der Bundesrepublik geläufig.

Ebenfalls positiv: viel Platz für die Kunden beim Einkaufen. Riesige Kühlregale und breit gestaffelte Auslagen vermeiden Rempeleien.

Negativ: Obwohl überwiegend Markenartikel verkauft werden (zu 80 Prozent aus Österreich), tut sich der Käufer ziemlich schwer, ›seine‹ Marke im Rollfeldregal zu finden. Kostbare Zeit geht am Regal verloren, weil z. B. Spirituosen kreuz und quer sortiert sind. Zwar hängt jeweils ein allgemeines Hinweisschild über dem Eingang jeder Gondelstraße. Doch mehr auch nicht. Keine werblichen Deckenhänger, keine Regalstopper, keine klare und umfassende Untergliederung nach Artikelgruppen. König Kunde ist weitgehend auf sich allein gestellt. Bis auf die Bedienungsabteilung bleibt das Suchen bestimmter Artikel Glückssache. Denn Informationen sind mehr als spärlich.«

»Auch bei den Sonderangeboten muß der Kunde wissen, daß es sich um die Marke X handelt und deshalb der Kauf besonders lohnt. Lediglich der lakonische Hinweis ›Sonderangebot . . . Schilling‹ hängt wie ein Krankentableau über dem Sondertisch am Gondelkopf . . .«

Fazit der »Rundschau«: »Jedes Verkaufssystem hat seine Stärken und Schwächen. Carrefours Schwäche liegt in seiner Größe« (68).

Besonderer Knüller am Rande: Wein — frisch gezapft »aus dem Hahn« (Carrefour Wien). Das einzige Unterscheidungsmerkmal: Farbe und Preis neben dem Herkunftsschild (ohne Erklärungen wie Jahrgang usw.).

Frage nach der raschen Orientierung

Es wäre also eine vergleichende Untersuchung wert, ob und wie sehr sich die Käufer mit dem sparsamen Informationssystem am Ort des Verkaufs anfreunden können, wie es sich mit der raschen Orientierung im Vergleich zu anderen Märkten verhält und wie sich das auf die Einkaufsdauer mit all ihren negativen Begleiterscheinungen auswirkt.

Indes, völlig »ohne Worte« kommt auch Carrefour nicht aus. Sonderangebote sind immerhin als solche deklariert, Carrefour-Frischwaren werden mit größerer Eloquenz feilgeboten. Und spätestens bei den Bedienungsabteilungen, auf die Carrefour nicht verzichten will, hat wieder »König Kunde« das Wort bzw. die Fachverkäuferin.

Auffällig bleibt eine starke Zurückhaltung auf dem Gebiet der Promotion: Dieser »verlängerte Arm« des Industrie-Marketings reicht nicht in die Carrefour-Einkaufsrollfelder hinein. Der Frische-Verkauf, der Absatz loser Ware (ähnlich wie in den großen Verkaufsterminals der USA-Großmärkte) sowie die Herausstellung des (keineswegs immer billigsten) Preises sind die Hauptmerkmale. Gewiß, ein eigenwilligeres Profil als das vieler SB-Warenhäuser und preisaggressiver Verbrauchermärkte. Carrefour-Käufer brauchen viel Zeit zum Einkaufen und müssen über die Preis/Wert-Relationen mitangebotener Markenartikel informiert sein.

»Die Verkaufsförderung ist die logische Fortsetzung und Ergänzung der Mediawerbung am Verkaufsort.«
Walter Heidkamp

Verzahnung – Nachdenkliches über kooperative Verkaufsförderung

Über Verkaufsförderung wurde und wird genausooft gegrübelt wie über Werbung. Die einzelnen Funktionen innerhalb des Marketings (= Marktmachen für ein Produkt) erleben immer neue Nuancen der Interpretation. Je nach Markt- und Interessenlage: Vor Jahren noch gab es kaum Zweifel daran, daß sich »klassische Verkaufsförderung« (wie schon mehrfach angesprochen) als »verlängerter Arm« der Werbung zu verstehen habe. Heute wird die Verkaufsförderung mehr *geschäftsbezogen* (bzw. »outlet«-bezogen) gesehen: Der Verkaufspunkt (Point of Sale) ist der Bezugspunkt aller absatzfördernden Anstrengungen (bedingt durch die zunehmende Souveränität des Handels beim Vermarkten von Produkten).

Der Verkaufsförderungsexperte Max Meier-Maletz komprimierte schon 1974 die umfassendere Promotion-Philosophie zu diesem Satz: »Verkaufsförderung ist die Summe aller Maßnahmen, die am Point of Sale wirksam werden« (69). Er unterteilte die Verkaufsförderung in drei Segmente:

1. Abverkaufsförderung = Merchandising (also handelsbezogene Aktivitäten)
2. Verkäuferförderung = Staff Promotion (personalbezogen)
3. Verbraucheraktionen = Consumer Promotions (verbraucherbezogen).

Gleichzeitig betonte er schon damals — am Vorabend der großen Discount-Welle im Handel, bei der die Preis-Promotion die klassische Markenwerbung (durch einschneidende Etatverlagerungen) in erhebliche Bedrängnis brachte: »Die Bedeutung des Handels für den Absatz steht heute in weiten Bereichen schon mindestens gleichberechtigt neben der Bedeutung des Verbrauchers. Ein wachsender Nutzen im Marketing liegt demnach in der Kommunikation zwischen Hersteller und Absatzstufen« (70).

Umworbener Handel

»Der Handel wird immer mehr zum Umworbenen. Ein Teil dieser Umwerbung ist Aufgabe der Verkaufsförderung. So ist z. B. eine überregionale Kampagne für ein Getränk wenig erfolgreich ohne vorherige klare Absprache mit wenigstens einer der großen Einzelhandels-Organisationen. Das ist auch Verkaufsförderung. Das kostet auch Geld« (71).

Allerdings warnte der Fachmann vor allzu großer Einseitigkeit: »Eine reine verkaufsbezogene Absatzkonzeption ohne Werbung ist ebenso undenkbar wie eine nur werbebezogene Konzeption ohne Ver-

Der Handel pflegt seine sortimentsbezogene Promotion: Edeka, Spar oder die Selex/A &O entwickelten ihre eigenen Verbundmaßnahmen. Rudi Carrell als Edeka-Kaufmann, der »gute Nachbar« Spar oder »Banni Sparsam« verkörpern den Service am Käufer.

kaufsförderung und Verkaufstraining. Werbung bietet aber heute keine Grundlage mehr zur Argumentation beim Handel. Sie ist dort selbstverständlich geworden. Also suchte die Industrie nach neuen Möglichkeiten und fand solche im Bereich der Verkaufsförderung. Damit verliert sich mehr und mehr die ausschließliche Selbstverständlichkeit der Werbung bei der Industrie« (72).

Verbundaktionen als Verzahnung von Absatzaktivitäten

Bedingt durch die wachsende Bedeutung der »Nachfragemacht« des Handels, über die sich mittlerweile schon die Wettbewerbshüter von Berlin die Köpfe zerbrechen, ist auch auf der Industrieseite die Bereitschaft nicht nur zur Kommunikation über das schöne Produkt, sondern zum Dialog über *gemeinsame Verkaufsmaßnahmen* gewachsen, in deren Rahmen jeder Partner seine adäquate Rolle übernimmt. Verkaufsförderung wird dabei als *Verbundmaßnahme* gesehen.
Im Gegensatz zur Verbundaktion im Geschäft oder Kaufhaus, bei der bestimmte Artikel unter ein gemeinsames Leitthema gestellt werden — z. B. »Frühstück«, »Sommer-Schluß-Verkauf« oder »Schützenfest« —, bedeutet dieser Verbund zwischen Hersteller und Handel eine enge Verzahnung von marktkonformen Absatzüberlegungen und -maßnahmen zugunsten eines oder mehrerer Produkte. Die Anstöße zu gemeinsamen Aktionen oder Strategien gehen dabei nicht nur einseitig von der Markenindustrie aus, sondern auch von der Handelsseite, von Warenhäusern, Zentralen und Genossenschaften.

Kuli oder Carrell . . .

Mittlerweile sehr populär geworden ist beispielsweise die Edeka-TV- und PoS-Aktion »Glückswirbel«, »Glückstreffer« usw., bei der prominente Fernsehstars wie Hans Joachim Kulenkampff oder »Am laufenden Band«-Experte Rudi Carrell als Moderator der vorgestellten Marken auftreten (einschließlich Edeka-Handelsmarken versteht sich).
Die »Show« via Werbemattscheibe und im Laden (unterstützt mit entsprechendem Displaymaterial) wird durch Einschaltungen der Industrie mitfinanziert. Regie führt die Handelsgruppe. Sie legt (in Abstimmung mit der Industrie) Einschalttermine, gezeigte Artikel und Ladenpreise fest, produziert die Werbemittel und sorgt durch eigene Kommunikationsmedien (Handelszeitschrift, Ordersatzbeilagen) und die Verkaufsberater der jeweiligen Edeka-Großhandlungen für die Bereitschaft der Einzelhändler mitzumachen.
Die Deutsche Spar arbeitete mit ihrer nationalen Käuferansprache nach ähnlichem Muster (auch hier wird die Industrie höflich, aber bestimmt zum »Einhängen« aufgefordert), ebenso die Selex/A & O mit ihrem Symbolhasen »Banni Sparsam«.

Verbund bedeutet auch Offensive aller Werbemittel

Die Industrie sieht derartige Aktivitäten der Handelshäuser mit einem lachenden und einem weinenden Auge: Einerseits gelingt es ihr auf diese Weise, mit größerem Rückenwind bestimmte Produkte in den angeschlossenen Geschäften der Handelsgruppen zu aktivieren (gegebenenfalls sogar in die Regale zu bringen), ohne daß man mit immensen Mitteln eigene Außendiensttruppen oder Miet-Merchandiser an die Einkäufer- bzw. Verkäuferfront hetzt. Andererseits werden Mittel, die für eigene Werbemaßnahmen vorgesehen waren, auf diese Weise blockiert. Auch die Einflußnahme auf die Präsentation der eigenen Marke am Verkaufspunkt wird weitgehend abgeschwächt. Verständlich, daß so manche Marketing-Feldherren dieser Allianz mit gemischten Gefühlen begegnen. Sie möchten möglichst bis zum letzten Sonderstapel das Heft des absatzpolitischen Handelns in der Hand behalten. Jedoch machen zunehmende Kostensteigerungen und Konzentration im Handel derartige »Blücher«-Träume weitgehend zunichte. Es sei denn, die Markenmacht ist (dank einer schlagkräftigen Reisenden-Truppe und dem entsprechenden »Pulver« für »Werbekostenzuschüsse« an den Handel) noch intakt genug, einen »Einzelhandels-Durchgang« selber zu überwachen. Und vorausgesetzt, die diplomatischen und verkäuferischen Fähigkeiten der eigenen Leute sind so ausgebildet, daß neben einem draußen — also beim Käuferpublikum — begehrten Produkt (und Markennamen) die Bereitschaft der steuernden Groß- und durchführenden Einzelhandlung ausreicht, sich für die Verkaufsmaßnahme ins Zeug zu legen. Für und zu einem allerseits zufriedenstellenden Preis.

In diesem Fall kann für eine begrenzte Zeit (und meist mit klarem Konkurrenzausschluß) beispielsweise in einer Kaufhaus- oder Filialkette der Verbund (fast) aller Werbemittel möglich sein — also die Offensive aller Absatzförderungswaffen vom Plakat über die Publikums- bzw. Tageszeitungsanzeige bis hin zum (kooperativ gestalteten) Handzettel und dem eigens vorgenommenen Sonderaufbau (verbunden mit Ladendisplays und sonstigen Aktionsrequisiten wie Probenausgabe, Preisausschreiben usw.).

Über die Wirksamkeit läßt sich streiten

Doch allein die Aufzählung all dieser Erfolgsmeßpunkte und -mittel läßt schon ahnen, wie ungemein schwierig derartige Großoffensiven geworden sind, wenn nicht millionenschwere Absatzmunition geladen werden kann. Die Politik der kleinen Schritte setzt sich nicht allein wegen des allzu teuren Flop-Risikos nationaler Promotion-Schläge durch. Die sowohl zeitlich wie preislich vernünftige Abstimmung erfordert einen stark modifizierten Maßnah-

Erdal-Rex produziert Ideen – nicht nur Produkte.

Erdal-Rex präsentiert:

Das 3. Spiel der Spiele

Ihre Kunden werden malen, dichten, kleben, stricken, sticken, backen ...

... und gewinnen, wenn ihnen etwas Originelles zu ERDAL-REX einfällt.

*** So werden Millionen Verbraucher aktiviert.** Und zwar in der wichtigsten Abverkaufszeit: im Frühjahr!

*** So tut sich was am Putz- und Pflegemittelregal.** Ohne daß der Handel organisatorisch belastet wird.

*** So löst ERDAL-REX sein Versprechen ein:** Das Spiel der Spiele fortzuführen – lückenlos!

ERDAL REX

Der Spezialist für Putz- und Pflegemittel.

Auch der Handel will umworben sein: vier Beispiele aus der Handelswerbung. Ideen-Versprechen (Erdal-Rex), Sortiments-Aktivitäten (Pepsi-Cola), Erfolgs-Bestätigung (deit) und Umsatz-Hinweis (Sherry) gehören zu den Standardthemen.

menkatalog. Wenn auch die Zielrichtung der Verkaufspunkt geblieben ist, auf den sich alle werblichen und verkaufsfördernden Maßnahmen konzentrieren, so werden doch das Gebiet, der Zeitraum und der Umfang des Promotion-»Schlages« durch die individuellen Interessen der unterschiedlichen Verkaufsformen und ihre eigenen Werbemaßnahmen beeinflußt.

Oft ist es vernünftiger (da kostengünstiger), ein Produkt nach einem Testmarkt zunächst erst einmal in einem regionalen Markt stark werden zu lassen, als mit der vermeintlich unerschöpflichen Gießkanne über das gesamte Land zu sprengen.

Die Einführung von Produkten wird im heutigen Käufermarkt zu einem Geduldspiel, bei dem individuelle wie konstante Marktbearbeitung und größere Sorgfalt am Point of Sale als Erfolgsfaktoren Bedeutung gewinnen.

Kooperation wird zur Notwendigkeit

Wie notwendig heute die kooperative Abstimmung mit dem Handel geworden ist, zeigt die Risikoquote neuer Produkte an der unerbittlichen Verkaufsfront. Sie widerlegt die Thesen, wonach durch millionenschwere Verbraucherwerbung allein so viel Druck auf den Kaufmann im Groß- und Einzelhandel ausgeübt werden kann, daß Produkte wie von selber ins bzw. aus dem Regal fließen.

Selbst etablierte Marken, die weiterhin konstant um die Gunst der Verbraucher buhlen, müssen um ihren guten Platz an der ständig überfüllten Kontaktstrecke bangen, wenn ihre Konditionen und ihr werblicher Rückenwind (ganz zu schweigen von der durch Nachfrage zu beweisenden Produktqualität) im Lager der Distributeure als ungenügend empfunden werden.

Warnung vor Pseudo-Neuheiten

Dr. Egon Huppert (Nielsen) warnt daher eindringlich vor »Pseudo-Neuheiten«, die den Markt noch mehr verstopfen — ohne Aussicht auf dauerhaftes Stehvermögen. Wie eine Nielsen-Untersuchung am Beispiel Süßwaren demonstriert, »übernimmt der Handel in dieser Warengruppe im Durchschnitt nur neun von 100 Neuheiten, die im Laufe eines Jahres eingeführt werden« (73).

Dr. Huppert weiter: »Von diesen können sich wiederum nur sechs für längere Zeit im Sortiment halten. Die langfristige Erfolgsquote ist sehr wahrscheinlich noch kleiner« (74).

Die Chancen für den Marktverbleib fallen mehr als dürftig aus. Denn: »Der Entwicklungs- und Einführungsaufwand für den Rest muß vollständig abgeschrieben werden. Die Forderung nach weniger Artikeln und mehr erfolgreichen neuen Produkten ist daher allgemein. Ihre Erfüllung verlangt zunächst einen weitgehenden Verzicht auf Produktnachahmungen mit lediglich formalen Neuerungen oder kleinen Vorteilen, die der Verbraucher im allgemeinen nicht mehr honoriert. Dies gilt insbesondere für Produktfelder, die bereits dicht besetzt sind. Mehr kreative Anstrengungen als bisher sollten einem neuen Produkt als Ganzem gewidmet werden. Allzu oft stehen bei der Entwicklung die Details im Vordergrund. Demzufolge testet man bei Produkt- und Packungstests Unterscheidungsmerkmale, die der Verbraucher in der realen Kaufsituation nicht wahrnimmt oder die für seinen Kaufentscheid keine Rolle spielen« (75).

Ziel: Marktdurchdringung

Die Konsequenz aus alledem: Die Entwicklung des richtigen Produkts reicht allein nicht aus. »Mindestens ebenso wichtig ist, daß die Neueinführung ausreichend unterstützt wird. Die Marktdurchdringung steht dabei an erster Stelle. Dem Einzelhändler ein neues Produkt anbieten verlangt mehr als nur Ordersatzlistung des Großhandels, wie notwendig oder nützlich sie auch sein kann. Aber unter 3000 in einem Ordersatz gelisteten Artikeln geht ein neues Produkt im Zweifel noch leichter unter als im Verkaufsregal des Einzelhändlers. Angebot eines neuen Produktes muß daher für den Hersteller heißen: dem Einzelhändler das neue Produkt vorstellen, die Produktvorteile aufzeigen und schließlich seinen Kaufwiderstand überwinden« (76).

Erkenntnis: Produkt-, Promotion- und PoS-Gestaltung verlangen nicht allein ein kreatives Eingehen auf die richtige Übermittlung der jeweiligen Produktnutzen gegenüber dem Verbraucher, sondern ebenso Rücksichtnahme auf die jeweilige Interessenlage der Distributeure, der Groß- und Einzelhandelskaufleute, der Verkäufer, Rücksichtnahme aber auch auf die Erwartung deutlicher Produktvorteile und klarer Fingerzeige für einen optimalen Herausverkauf.

Was der Handel von Produkt und Promotions erwartet

Wie schon an früherer Stelle betont, ist der Hersteller am maximalen Absatz seiner Produkte interessiert, der Handel indes denkt sortimentspolitisch. »Verkaufsförderung versucht also im Handel zunächst, bei Kunden Präferenzen für ein bestimmtes Geschäft oder eine Handelsgruppe zu erzielen, indem verbrauchergerechte Sortimente geboten werden. Der Hersteller will die Entscheidung des Konsumenten für konkrete Produkte seines Herstellungsprogramms« (77).

»Jeder Versuch einer Harmonisierung von Handelsmarketing und Industriemarketing darf an diesen fundamentalen Unterschieden der unternehmerischen Zielsetzung nicht vorübergehen. Das Spannungsfeld zwischen Industrie- und Handelsmarketing ist in jüngster Zeit oft beschrieben worden. Unbefriedigend waren jedoch fast alle Versuche, gemeinsame Konzepte der Wirtschaftsstufen im Marketing zu entwickeln und durchzusetzen. Dies ist eigentlich erstaunlich, weil alle Partner in der Absatzwirtschaft nur dann den größten Erfolg erreichen können, wenn die Wünsche und Bedürfnisse der Verbraucher optimal befriedigt werden« (78).

Sieberts und Wagener sehen daher einen exakten Ausweg im »Studium der Verbraucherwünsche«, wenn auch die gesunde Gegensätzlichkeit der Interessen — eben im Sinne fortschreitender Marktverbesserung — nie ganz aufzuheben ist:

»Die Zusammenstellung der Kriterien verbraucherfreundlicher Produkte und Sortimente bietet eine weitere Hilfe, die

Grundlinien der kooperativen Strategie zu planen und in Detailmaßnahmen umzusetzen. Selbstverständlich gibt es fundamentale und unabdingbare Forderungen von Herstellern und Handelsgruppen, die auch dann nicht außer acht gelassen werden dürfen, wenn man auf der Basis der beschriebenen Grundlagen miteinander neu ins Gespräch kommen will« (79).

Nützlich für die Vermeidung von Reibungsverlusten und Fehlern bei Verbund-Maßnahmen sind daher folgende Check-Punkte:

1. Informationen über das Produkt

a) Welches Produkt bieten wir an?
b) Wie ist es im Markt positioniert (Zielsetzung)?
c) Wer ist die Zielgruppe (Verwendersegmente)?
d) Welche Problemlösung bietet das Produkt dem Verbraucher (Produktkonzeption)?
e) Wie wird es von den Verbrauchern beurteilt (Testmarkt-Ergebnisse)?
f) Wer sind die Mitbewerber?
g) Wodurch unterscheidet sich unser Produkt von eingeführten Produkten (Produktbeschreibung/Vermeidung von »me too«)?
h) Welche Chancen räumen wir unserem Produkt ein (Wettbewerbsfähigkeit)?
i) Welche Distributionswege sind geplant (Marktabdeckung)?
j) Welche Marktbearbeitung ist vorgesehen (Absatzpolitik)?
k) Welche Ergebnisse erwarten wir im ersten Jahr (Absatzaussichten)?

2. Informationen über Marktchancen

a) Welches Image genießen wir beim Groß- und Einzelhandel (Frage der Präsenz)?
b) Wie wird unsere bisherige Leistung beurteilt (Kompetenz und Glaubwürdigkeit)?
c) Welche Zahlen über den Bekanntheitsgrad/Marktanteil/Distributionsgrad liegen vor (Hersteller/Produkt)?
d) Wie bekannt sind die Produktnutzen (Bedeutung des Verbrauchervorteils)?
e) Wie glaubwürdig ist unsere Preisforderung (Kalkulation/Kosten/Leistung)?
f) Wie wirksam waren bisherige Werbekampagnen und Verkaufsförderungsaktionen (Abverkaufsgewähr/Store Tests)?

3. Informationen über das Handling

a) Welche Sortimentsergänzung wird erreicht?
b) Welche Zusatzumsätze sind möglich?
c) Welche Umschlagshäufigkeit wurde ermittelt?
d) Welche Handelsspanne ist möglich (Bruttonutzen = Aufschlag × Umschlag)?
e) Welche neuen Käufer werden versprochen?

f) Welche Merchandising-Einheit ist vorgesehen?
g) Gibt es bestimmte Zusatznutzen (Verpackung, Kombinationsmöglichkeiten, Verbundideen)?

4. Informationen über die bevorstehende Promotion

a) In welchem Gebiet wird das Produkt aus welchen Gründen (ein)geführt?
b) Wo und wie ist das Produkt bereits distribuiert (Listung)?
c) Welche Promotion-Maßnahmen der Handelsgruppen bieten sich flankierend an?
d) Wann und wie lange empfiehlt sich unser Aktionseinsatz?
e) Welche Mittel stehen uns zur Verfügung (Budget)?
f) Wie lautet unser Marketing-Mix (Werbeeinsatz, -dauer)?
g) Welche Maßnahmen wurden bereits erprobt (Erfolgskontrolle)?
h) Welches Ziel haben wir uns gesetzt, und mit welchen Mitteln wollen wir es erreichen (Zielsetzung)?
i) Wie konkret ist unsere Maßnahmenplanung (Zeitvorlauf)?
j) Sind unsere Ziele und Aufgaben klar formuliert?
k) Wann und wie wird unser Außendienst unterrichtet bzw. motiviert?
l) Ist der Fahrplan mit allen Beteiligten abgestimmt?
m) Wann und wie werden Groß- und Einzelhandel informiert?
n) Wann wird ausgeliefert?

5. Informationen über die Verkaufspunkte (outlets)

a) Welche Maßnahmen sind für welche Verkaufspunkte vorgesehen?
b) Welche Displays finden an allen Plätzen Verwendung, welche nur
in SB-Warenhäusern, Verbrauchermärkten und Kaufhäusern,
in Supermärkten und SB-Geschäften,
an Kiosken und Tankstellen,
in der Gastronomie u. a.?
c) Welche Unterstützung gibt es für die Angebotswerbung (Wochenwerbung) des Handels?
d) An welchen weiteren Leistungen ist der Handel interessiert?
e) Wer sorgt für die Kontrolle?
f) Sind Store Tests (Abverkaufsmessung) geplant?

Wer sich zu diesen Fragen Gedanken macht, wird Fehler vermeiden — auch bei der Präsentation der Produkt- und Promotion-Konzeption.

Handelspromotion im Vordergrund

Es wäre sehr weltfremd, wollte man in diesem Zusammenhang nicht auf die unvermeidliche »Begleitmusik« der Verkaufsförderung, das Gewähren von Anreizen zur Beteiligung z. B. in Form von Rabatten, eingehen. James O. Peckham, einst Direktor bei Nielsen, jetzt internationaler Marketingberater, faßt die verschiedenen Spielarten von Verkaufsförderung (unabhängig von Verkäufertraining und Verbraucheraktionen) in zwei Grundtypen der Handelspromotion zusammen (die er überdies klar von »Verbraucherpromotion« unterscheidet):

1. Zahlungen für die durch den Handel erbrachten Dienstleistungen und
2. Mengenrabatt oder Sonderkonditionen (80).

Bei 1. erhalten Großhandel und Direktbezieher einen Preisnachlaß in Höhe eines bestimmten Betrages je Gebinde für Plazierung, Ladendisplays und Werbung der

Neutrale Themen sind beim Handel willkommen: Die Union Deutsche Lebensmittelwerke stellt beispielsweise auf diese Weise »Milkana«-Schmelzkäse oder »Cortina«-Frischkäse mit einer Verzehridee vor.

Beispiel für einen gelungenen Salesfolder: Kurze knappe Informationen — lustig verkauft — über eine neue Aktionsidee von Maizena für »Majala«-Traumcreme.

betreffenden Marke in einem bestimmten Zeitraum. »Der Großhändler muß sich verpflichten, den Rabatt an den Einzelhandel weiterzugeben, der wiederum seine Mitarbeit zusagen muß« (81).

Die unter 2. genannte Vergünstigung soll die Einkäufe des Handels steigern und — so die Hoffnung — eine Senkung der Ladenpreise bewirken, um den Absatz anzukurbeln.

Allerdings hat gerade die Diskussion um Diskriminierung von Mitbewerbern durch unterschiedliche Konditionspolitik und daraus um die Verschärfung des Kartellrechts hier einige (vorerst eher moralische) Sperren aufgebaut (z. B. durch die Sanktionierung von »Wettbewerbsregeln«), um die Bezahlung von ungerechtfertigten Vorteilen zu Lasten der übrigen Anbieter oder Distributeure zu verhindern. (Die »Wettbewerbsregeln« der Markenindustrie finden zunehmend Eingang in die Rechtsprechung, so daß auf diese Weise die proklamierte Selbstbescheidung der Markenindustrie gewissermaßen Wettbewerbsrecht wird.)

Die Handelspromotion indes kommt — so beobachtet Peckham — ohne diese »Leistungen« nicht mehr aus: »In den letzten 20 Jahren sind sowohl Zuwendungen für eine besondere Darbietung von Produkten als auch Mengenrabatte oder Sonderkonditionen für die meisten Lebensmittelhersteller zu einer Lebensgewohnheit geworden« (82). Peckham gibt zudem beachtenswerte (ernüchternde) Erfahrungswerte zum Thema »Wirksamkeit von Displays« oder »Sonderkonditionen«:

»Die markenaufbauende *Wirkung von Displays* für Verbrauchsgüter des täglichen Bedarfs wird begrenzt durch:

1. die geringe Anzahl von Artikeln, die jede Woche besonders herausgestellt werden können — wahrscheinlich nicht mehr als 20 von über 7000 Artikeln,
2. Vorratskäufe von regulären Verbrauchern der Marke,
3. Abzug des Umsatzes der Marke aus anderen, nicht mit Displays versehenen Geschäften« (83).

»Der Wert von Displays für Verbrauchsgüter des täglichen Bedarfs zum Aufbau von Verbraucher-Präferenzen wird verstärkt:

1. wenn er auf der Idee beruht, den Kunden zu einem höheren Verbrauch zu veranlassen durch
   a) einen Menüvorschlag
   b) ein neues Rezept
   c) in Verbindung mit einem Schwesterprodukt
2. durch Anwendung auf Saisonartikel« (84).

»*Sonderkonditionen und Zugeständnisse* sind am wirksamsten, wenn sie

1. als Vergütung bei Einführung neuer Produkte für zusätzliche Leistungen des Einzelhandels in Form von Displays, Werbung oder niedrigeren als normalen Einzelhandels-Preisen gewährt werden,

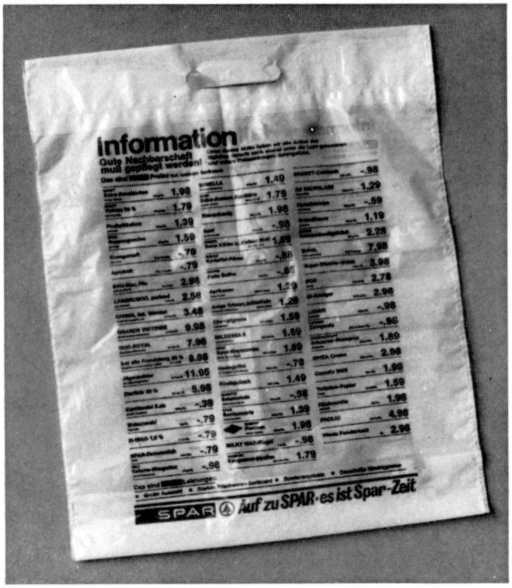

Beliebtes Promotion-Medium: die Tragetasche.

2. bei/auf dem Markt befindlichen Produkten als Vergütung für zusätzliche Handelsbemühungen, wie das ganze Geschäft erfassende Verkäufe zu Sonderpreisen, gewährt werden, und
3. nur gelegentlich eingesetzt und nicht zu einer Dauermaßnahme werden« (85).

Wer schon zu diesem »lebensnahen« Mittel greift (glücklicherweise zeigt der Promotion-Alltag, daß auch ohne Nachlässe oder »Zugeständnisse« operiert werden kann, wenn Produkt- und Marketingkonzeption attraktiv für Händler und Käufer sind), sollte sich jedoch nicht die Lösung aller Probleme versprechen. Peckham: »Ein Blick hinter die Kulissen offenbart, daß diese Sonderkonditionen deswegen erfolgreich waren, weil sie in so ausreichendem Maße an den Verbraucher weitergegeben wurden, um den Verbraucherpreisunterschied zwischen der Marke und ihren unmittelbaren Wettbewerbern zu verringern, und so die Wettbewerbsposition der Marke vorübergehend zu verbessern« (86).

Der guten Vollständigkeit wegen: Peckham versteht unter »Verbraucher-Promotions« (im Gegensatz zu Handels-Promotions) Herstellermaßnahmen, die den Kauf einer bestimmten Marke zum Ziel haben, ohne aber den Verkaufspunkt wesentlich einzubeziehen. Etwa über
— Packungen zum ermäßigten Preis
— Geschenke oder Gratispackungen

Die deutschen Winzer haben ein umfangreiches Werbemittel-Programm entwickelt.

— in der Packung befindliche Zugaben
— self liquidating offers
— Gutscheine
— Sammelmarken oder -punkte für ein Werbegeschenk.

Allerdings dürfte es in Zukunft kaum mehr möglich sein, derartige Promotions ohne Informationen oder Miteinbeziehung des Handels durchzuführen. Schließlich gehört zu einer erfolgreichen Verkaufsförderung nicht nur ein höherer Absatz als normal, sondern auch die Steigerung der Distribution.

Nur wenige Neuheiten können sich durchsetzen.

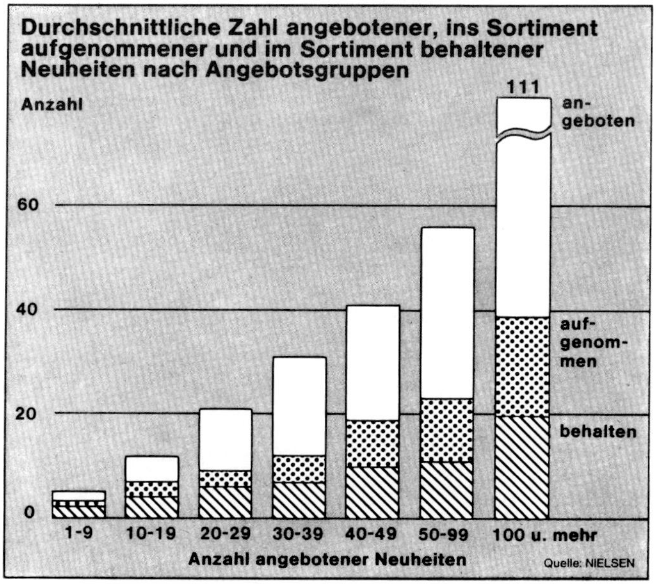

Promotions können fallende Marktanteile nicht aufhalten. Ebenso Preisermäßigungen nicht.

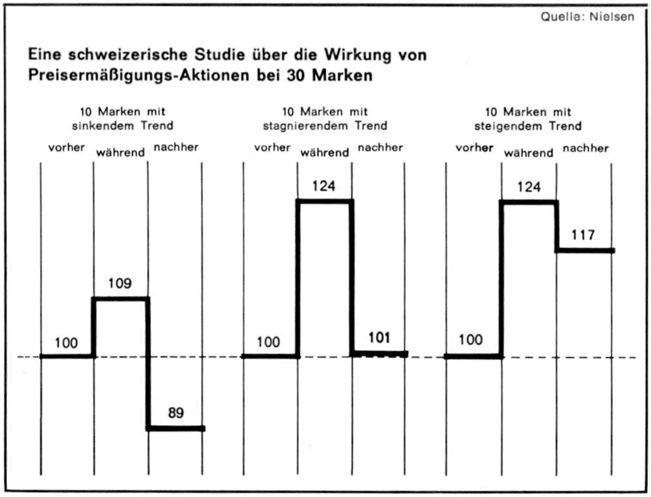

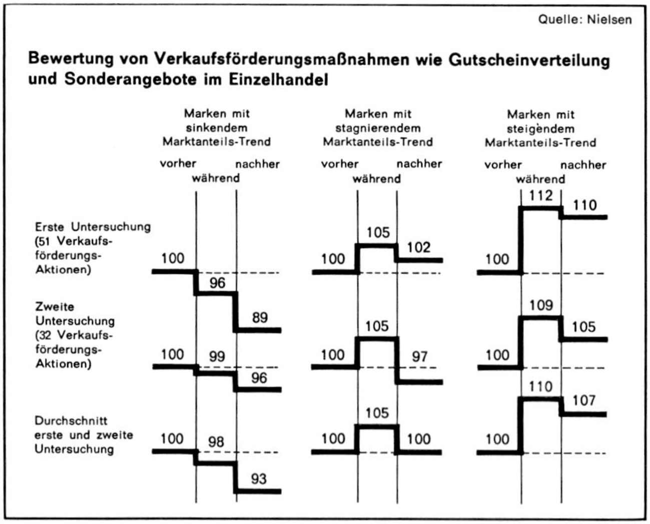

»Wie in jedem biologischen und sozialen Partnerschaftsverhältnis findet die Kommunikation auch zwischen Anbietern und Nachfragern durch Äußerung von Informationsbedürfnissen und Werbeimpulsen statt. Eines dieser Kommunikationsinstrumente ist die Verkaufsförderung, die am Point of Sale, am Point of Purchase und am Point of Product stattfindet.« Volker Dölle

Der konzertierte Verbund – Spielarten multimedialer Promotion

Die engere, rationellere Verzahnung von marktkonformen Absatzüberlegungen und -maßnahmen erlebte in den letzten Jahren eine weitere, vielversprechende Variation: Nicht nur die eingleisige Abstimmung zwischen Lieferant und Verkäufer wurde durch eine intensivere Kommunikation über die jeweiligen Probleme beider Partner feinstimmiger. Auch die Möglichkeit, im Verein mit anderen Herstellern als mehrgleisige Verbund-Promotion und in Kooperation mit einer Mehrzahl von Handelsunternehmen Aktionen zu fahren, wurde entdeckt und ausgebaut.

Koordinatoren waren und sind in diesem Fall nicht die Verkaufsunternehmen, sondern produktneutrale Organisationen oder Firmen (wie z. B. Werbe- bzw. Spezialagenturen). Der wohl größte Promotor dieser Art ist die Centrale Marketinggesellschaft der deutschen Agrarwirtschaft (CMA), die für die jeweiligen Produktsparten wie Fleisch, Wurst, Milch, Eier, Geflügel, Obst und Gemüse, Brot und Blumen regelmäßige Saison-Aktionen im gesamten bundesdeutschen Handel durchführt, bei der sich die jeweiligen Hersteller und Handelsunternehmen »einhängen« können. Ähnlich arbeiten regionale Marketing-Gebietskörperschaften: z. B. Schleswig-Holstein (grün-blaues Qualitätszeichen) oder Niedersachsen (mit der Leitfigur »Hanno«) oder ausländische, meist genossenschaftlich oder staatlich unterstützte Verkaufsorganisationen wie z. B. die Sopexa (Frankreich), die Dänische Molkereiwirtschaft (mit der Symbolfigur »Karoline«) oder das holländische Pendant mit der wohl bekanntesten Promotion-Dame, der »Antje«, die »Käse aus

Neue Maßstäbe bei der Verbund-Promotion setzte Roth-Händle mit der »Reval-Rätsel-Aktion«s (1975): mehr Anregung für die Beschäftigung mit dem Produkt.

Holland« (Niederländisches Büro für Molkereiprodukte) vorstellt.

Unterschiedliche Interessen nicht immer unter einem Hut

Diese und ähnliche Gemeinschaftswerbungen sehen ihr größtes Problem in der konsequenten Durchführung einheitlicher Maßnahmen. Zu unterschiedlich sind oft die Interessen der Anbieter vergleichbarer Produkte. Der Keim für häufig zeitlich begrenzte Gemeinsamkeiten ist dort zu suchen. Werbegemeinschaften florieren dann am besten, wenn unter den Mitgliedern kein allzu großes Gefälle in den einzelnen Firmengrößen besteht. Meist dominiert in diesem Fall der gemeinsame Wunsch, den Markt zu erweitern und auszubauen. Setzt jedoch erst einmal der unerbittliche Kampf um Marktanteile ein, ist es mit solchen Werbegemeinschaften ziemlich rasch vorbei.

Aktions-Abmachungen nehmen Vertragscharakter an

Es reicht schon lange nicht mehr aus, lediglich Promotion-Material als Zierat für die Geschäfte zu produzieren (meist noch ungefragt und ohne allzu nennenswerten Anklang). Der Markt verlangt konzeptionell angelegte Kampagnen, die mit entsprechendem Aufwand an Zeit und Geld den Verkaufspunkt integral miteinbeziehen. Hierzu bedarf es aber einer Zentralstelle, die konkrete Verhandlungen mit dem Handel führt und die Durchführung der vereinbarten Maßnahmen überwacht (zumal es um beträchtliche Geldsummen gehen kann).

Die meisten der korporativen Anbieter gehen seit geraumer Zeit dazu über, in Abstimmung mit dem Handel jedes Promotion-Detail vertraglich zu fixieren, Zeitdauer, Ort, Umfang der Maßnahmen in bilateralen Abmachungen (mit entsprechenden Möglichkeiten zur Sanktion bei Nichterfüllen) festzulegen und Umsatzziele bei entsprechenden »Werbezuschüssen« schriftlich auszuhandeln. Diese Verträge haben den Vorteil, daß Promotion-Maßnahmen nicht mehr aufs Geratewohl ausgeklügelt und dann »in die Läden gedrückt«, sondern als dramaturgischer Ablauf vorbereitet und abgespult werden.

Handelskonzentration und Wohlstands-Käufermarkt zwingen zu mehr Rationalisierung bei der Verkaufsförderung und zu klaren Abmachungen in der Absatzförderung, die dann ein Anliegen aller Beteiligten wird. Solche Verträge lassen der Individualität weniger Spielraum. Aussichtsreiche Promotionen laufen mittlerweile in ähnlichen Dimensionen wie »klassische« Werbekampagnen. Sie treten sogar anstelle dieser dereinst so intensiv betriebenen Medien-Materialschlachten — je schwieriger der Produktvorteil gegenüber der Konkurrenz zu verdeutlichen ist.

Unterschiedliche Displays für unterschiedliche Funktionen: Sonderplazierung am Zigarettenhänger im Lebensmittelgeschäft, Sonderplazierung für das Stangen-Angebot im Supermarkt und zweiseitig gestalteter Thekenaufsteller für den Tabakfachhandel.

Zigarettenhersteller als Schrittmacher

Den besten Beweis dazu liefern die Zigarettenhersteller, die bei einem weitgehend homogenen Angebotsprogramm des Marktes nicht nur auf der Penetrierung von vorweggenommenen Geschmacksurteilen herumreiten können, um sich zu profilieren. Auch die Darstellung von Genuß-Situationen ist einmal abgegriffen.
Die Kreativität (unter Berücksichtigung wachsender gesundheitspolitischer Auflagen durch den Staat) weicht zunehmend in die Sphäre der persönlichen Ansprache aus — etwa am Verkaufspunkt. Teilweise mit origineller Media-Unterstützung, wie das Beispiel »Reval« zeigt.
Die Badische Tabakmanufaktur Roth-Händle, Lahr, setzte zusammen mit dem betreuenden Merchandising Creativ Studio für Verkaufsförderung Volker Dölle 1975 mit dem Erfolg der großen »Reval-Rätsel-Aktion« neue Maßstäbe für verkaufsfördernde Maßnahmen im Zigaretten-Marketing.
Verbrauchergewohnheiten und Interessen des Handels waren sorgfältig einbezogen worden. Die innerhalb der Maßnahme gestreuten 75 verschiedenen Kreuzworträtsel dienten gleichzeitig als Grundlage

eines vierstufigen Preisausschreibens. Der normale Schwierigkeitsgrad der Kreuzworträtsel und die attraktiven Gewinne sowie auch die Vielzahl der Gewinnchancen waren für den Verbraucher ein weiterer Ansporn, sich mit der Maßnahme und damit mit der Marke »Reval« zu beschäftigen.

Die im Lebensmittelhandel, in Tabakwarengeschäften, an Kiosken und in Gaststätten bereitwillig aufgenommene Aktion wurde innerhalb des Aktionszeitraums mit Anzeigen in Tageszeitungen und Publikumszeitschriften gezielt unterstützt. Außergewöhnlich: die überdimensionalen 18/1-Plakat-Kreuzworträtsel. Volker Dölle: »Erstmals war im Rahmen einer Verkaufsförderung das 18/1-Plakat nicht nur Kommunikationsmittel, sondern auch Gelegenheit zur Aktivität. Verbraucher konnten am Großplakat echte Kreuzworträtsel lösen.« Insgesamt brachte die Maßnahme 1,124 Millionen Teilnehmer am Preisausschreiben und damit eine über das Übliche hinausgehende Beschäftigung mit der Marke »Reval«.

1976 folgte der nächste Schritt mit dem »Reval-Gewinnspaß für helle Köpfe«. Auch hier wurden wieder mehrere Medien bewußt in ein Konzept einbezogen:

18/1-Plakate animierten auch Passanten zur aktiven Denksportaufgabe im Rahmen der »Reval«-Aktion.

- Verbale und visuelle Integration der Aktion in die gesamte Werbelinie,
- Vermittlung eines deutlichen Nutzens für den Verbraucher in Verbindung mit einem attraktiven Preisausschreiben,
- handelsgerechte Werbemittel und Displays,
- gezielte werbliche Unterstützung mit Anzeigen und »aktivierenden« Großplakaten.

Unterschiedliche Gegebenheiten miteinbezogen

Unterschiedliche Gegebenheiten und Möglichkeiten im Handel wurden bewußt miteinbezogen.
Dölle: »Handel und Verbraucher bestimmen den Aktionserfolg durch Kommunikation, Aktion und Reaktion, durch ihre Bereitschaft zur Aktivität und durch die

der Maßnahme entgegengebrachte Akzeptanz.«
Eine Analyse der Freizeitgewohnheiten der gesamten Zielgruppe ging dieser Aktion voraus. »Dabei stand der selbst gesetzten Forderung, dem Verbraucher neben einem qualitativ hochstehenden Preisausschreiben auch einen sofort erkennbaren Nutzen zu vermitteln, ein nur geringes Angebot an adäquaten und verwertbaren Freizeitbeschäftigungen gegenüber.«
Verständlicherweise kamen nur solche Hobbys in Betracht, bei denen man ohne große Mühe in Ruhe eine Zigarette rauchen kann und die von einer möglichst breiten Interessenschaft gepflegt werden können. Gefunden wurden die Denksport-Aufgaben, insgesamt 40 Stück.
Mit dem Thema der Maßnahme — »Reval — Gewinnspaß für helle Köpfe« wurde die gestalterisch angestrebte Lösung, nämlich die weitgehende Integration der Ak-

Auch »Camel Filter« regte zur keineswegs leichten Aufgabe an: Thekenaufsteller und Deckenhänger.

Kernstück der »Camel Filter«-Aktion: der gemeinsam gestaltete Handzettel.

tion in die Werbelinie, auf ideale Weise abgerundet. Das für die Marke »Reval« typische Männerprofil konnte leicht in die Aktionsaufforderung miteinbezogen werden. Eine Auseinandersetzung mit Marke und Markenbild war gewährleistet. Es gab keinen — sonst häufig bei Promotions zu beobachtenden — kurzzeitigen Bruch in der gesamten Werbeaussage.

Unterschiedliche Displaygestaltung

Auf die individuellen Bedürfnisse der einzelnen Distributionslinien ging ein unterschiedliches Displayangebot ein:

1. Der Lebensmittelhandel mit der typischen Zigarettenplazierung an der Kasse bekam für die Präsentation der Aktion
— einen Kombihänger für die Zweitplazierung am Zigarettenhänger,
— ein Rückwandplakat für vorhandene Drahtkörbchen sowie
— eine Box für Teilnahmekarten.
Dazu gab es bei der Vorstellung der Aktion einen Salesfolder, dessen erste Innen-

Burda realisierte die erste »Multi Media Promotion«.

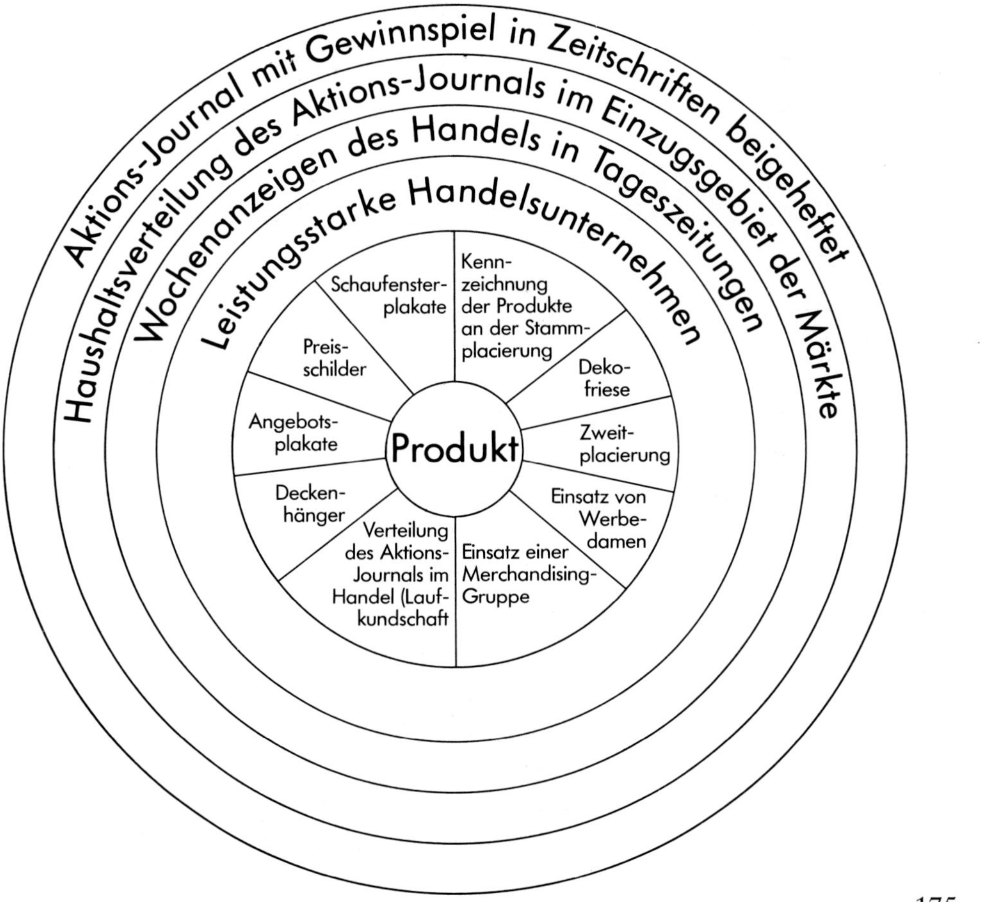

Zugpferd der MMP: das »Aktions-Journal«.

3. und 4. Burda-Multi Media Promotion

Mittwoch, 23. Oktober 1974

MP BLITZ REPORT

MMP „Frühstücken wie ein König" jetzt zum 3. Mal – im neuen Nielsen-Gebiet: Nielsen II. Lesen Sie den aktuellen Bericht über Ablauf und Erfolg – Seite 3.

NEU

Sonderausgabe · Druck in Frankfurt · W 532215 b

MMP-Aktion

„Wir haben Gäste"

Brandneues Thema in den bewährten Nielsen-Gebieten III b und IV (Baden-Württemberg und Bayern). In Deutschlands Süden wurde kräftig gefeiert.

Die beteiligten Handelspartner:

- BMA, Augsburg
- Feneberg, Kempten
- Gaissmaier, Ulm
- Goedecke, Heidelberg
- Gottlieb, Freiburg
- Gubi, Donauwörth
- Kaiser's Kaffee Geschäft, München
- Kaiser's Kaffee Geschäft, Heilbronn
- Kupsch, Würzburg
- Nanz, Stuttgart

Insgesamt nahmen 859 Märkte an der Aktion teil.

Die 8 starken Party-Marken

- chipsfrisch
  Funny-Frisch GmbH & Co. KG, Köln
  Agentur: Herrwerth & Partner GmbH, München
- Dujardin & Co., Uerdingen
  Agentur: Zernisch KG, Düsseldorf
- Kupferberg Gold
  Christian Adalbert Kupferberg & Cie., Mainz
  Agentur: wilkens wpt, Frankfurt
- Marlboro
  Philip Morris Germany GmbH, Frankfurt
  Agentur: Leo Burnett, Frankfurt
- Martini Rosso und Martini Bianco
  Martini & Rossi AG, Bad Kreuznach
  Agentur: Lloyd Eisfeller, Köln
- Merci
  August Storck GmbH, Halle
  Agentur: Leo Burnett, Frankfurt
- Sangrita und Sangrita Picante
  Anton Riemerschmid, München
  Agentur: Herrwerth & Partner GmbH, München
- Sechsämtertropfen
  G. Vetter, Wunsiedel
  Agentur: Heye + Partner, Unterhaching

In etwa 20% der Märkte wurden Hostessen eingesetzt, die auf die Aktion aufmerksam machten

Die Einsatzdauer pro Markt betrug einen halben Tag. Die Hostessen waren mit einem Monitor ausgerüstet, von dem Spots der beteiligten Produkte abgespielt wurden. Im Rahmen dieses Einsatzes wurden Direktverlosungen durchgeführt. Als Gewinne sind Einkaufsnetze mit den beteiligten Produkten und viele Burda-Zeitschriften verlost worden.

DIE IDEE

Burda-Multi Media Promotion ist nicht etwa eine zwar schöne, aber leere Wortspielerei. Ganz im Gegenteil: Multi Media Promotion ist die treffende Beschreibung für das erste Werbe- und Verkaufsförderungsprogramm eines Verlages.

Diese Verkaufsförderungsaktionen werden in Zusammenarbeit mit bedeutenden Handelsunternehmen und dem Burda-Verlag in verschiedenen Nielsengebieten durchgeführt.

Jeweils sieben bis acht zum Konsumthema passende und vom Handel akzeptierte Produkte nehmen an der Aktion teil. Voraussetzung ist, daß diese Produkte möglichst bei allen Handelspartnern distribuiert sind. Der Handel ergänzt zusätzlich die Aktion mit Eigenmarken und Frischprodukten.

MMP-Werbung bei potentiellen Teilnehmern: der MMP-Blitz-Report.

seite gleichzeitig als Aktionsplakat für Schaufenster oder Tür Verwendung finden konnte. Zur Verstärkung des Stangenverkaufs bei »Reval« erhielt der Handel zusätzlich eine Bodenschütte mit entsprechender Plazierungsmöglichkeit. Analog zur Verbraucheransprache bot Roth-Händle dem Kaufmann unter der Headline »Reval-Gewinnspiel für helle Händler« ein kleines Preisausschreiben an.

2. Für den Tabakwarenfachhandel wurde eigens für die Aktion ein neues Display entwickelt. Es umfaßte auf der Vorderseite ein Aktionsplakat mit integrierter Teilnahmekartenbox, auf der Rückseite (über die gesamte Fläche des Displays) die

Am Dienstag, dem 7. Februar
um 18.48 Uhr, können Sie und Ihre Kunden

Meine Familie und ich

im ZDF-Werbefernsehen erleben.

„Meine Familie und ich" ist ein Spaß und ein Spiel für Ihre Kunden und natürlich auch für Sie. 7 bedeutende Markenartikel spielen die Hauptrolle in einem TV-Werbemagazin. Damit das Spiel auch Spaß macht, gibt es etwas zu gewinnen.

Die Teilnehmer brauchen nur die Produkte, die sie in dem Film gesehen haben, auf eine Postkarte zu schreiben und abzusenden.

Und schon nehmen sie an der Verlosung teil.

Gewinn: 1 Citroën GS im Wert von DM 10.000,–.

„Meine Familie und ich" können Sie natürlich auch in der Zeitschrift „meine Familie & ich" erleben. Dort läuft der Film in der Februarausgabe noch einmal ab.

Und das sind die Hauptdarsteller:

- **Faber Sekt**
- **Homann Fleischsalate**
- **Krimrotwein Rubin**
- **Miele Geschirrspüler**
- **Moskovskaya Russischer Wodka**
- **Pfanni Flocken-Fertig-Püree**
- **Rasenkatze D 33 von Black & Decker**

Ein weiterer »Omnibus«: »Meine Familie und ich«, eine Sendung im ZDF-Werbefernsehen mit einer fünfköpfigen Familie und sieben Markenartikeln in der Hauptrolle.

Ware in »grifffreundlicher Anordnung«. Somit keine Diebstahlsgefahr. Neben dem neuartigen Thekendisplay überreichte der Großhändler bzw. dessen Außendienst ein Aktionsplakat (Seite 1 und 2 des Lebensmittel-Salesfolders).
3. Die Gastronomie bekam die Teilnahmekartenbox sowie ergänzend dazu Bierdeckel im Postkartenformat. Diese Maßnahme war ungewöhnlich: Größe und Gewicht des Bierdeckels erlaubten einen Versand auf dem normalen Postweg.
Auch diesmal wieder wurden entsprechend den drei Gewinnrunden Anzeigen in Illustrierten und Tageszeitungen geschaltet. Daneben wiederum 18/1-Plakate mit passendem Aufforderungscharakter.

»Camel Filter« entdeckt den Handzettel

Die Resonanz auf die erste »Reval«-Aktion motivierte auch andere Zigarettenhersteller »multimedial« vorzugehen. Die Firma Reynolds (Haus Neuerburg) in Köln fuhr vom 15. 5. bis 27. 6. 1976 eine Promotion, in deren Mittelpunkt zum erstenmal das Werbemedium Nr. 3 des Lebensmittelhandels (nach Fensterplakaten und Plakaten im Verkaufsraum) stand: der Handzettel.
Zusammen mit IPS — Incentive Promotion Studio Manfred F. Geisthövel — gelang für die Marke »Camel Filter« eine handelstypische Aktion, unterstützt durch Anzeigen in der Boulevardpresse (Auflage 4 Millionen). Insgesamt wurde bei den Handzetteln eine Auflage (national) von 4,5 Millionen erreicht. Ferner zusätzlich zahlreiche Kontakte durch die Sonderplazierungen an der Kasse.
Der Effekt dieses kooperativen Marketings: bei einem Potential von insgesamt 10 Millionen Teilnahmekarten eine außerordentliche Rücklaufquote von rund 5 Prozent.
Auch bei »Camel Filter« hatten sich die Verbraucher intensiver mit dem werblichen Thema (»Die Camel Filter stimmt: im Geschmack und in den Werten«) auseinanderzusetzen:
1. Der Konsument mußte auf der Teilnahmekarte die Teer- und Nikotinwerte der eigenen Marke und die von »Camel Filter« schreiben und somit die strategische Absicht erfüllen, Vergleiche mit anderen würzigen Marken zu ziehen (um festzustellen, daß »Camel Filter« gar nicht so »starken Tobak« enthält wie gemeinhin angenommen, sondern mit anderen Konsummarken gleichauf liegt).
2. Sowohl in den Anzeigen wie in den kooperativ bedruckten Handzetteln mußte der Verbraucher den »Camel-Code« knakken: in diesem Fall eine Computerschrift, spiegelverkehrt, die nur mit einem Taschenspiegel oder einem ähnlichen »Werkzeug« zu lesen war.
Die Einsatzkanäle: der gesamte organisierte Lebensmittelhandel, Tabakwarenfachhandel, Tabakwarengroßhandel, Gast-

stätten, Kioske sowie sonstige kleine Lebensmittelgeschäfte.
Als Ziel war nicht nur der Abbau des beschriebenen Vorurteils anvisiert, sondern auch die Gewinnung neuer Raucher, die bisher »Camel Filter« als besonders starke Zigarette eingeschätzt hatten.

TV-Sammler, Burdas MMP und weitere Kooperations-Promotions

Schon vor einigen Jahren zeichnete sich ab, daß sich die Promotion-Kosten in die Höhe zu schrauben drohten, daß den medialen Möglichkeiten — insbesondere im Fernsehen (begrenzte Sendezeiten) — Grenzen gesetzt waren. Zwar wurde in

MMP von Marktimpuls: »Entdecken und schmecken« als Leitmotiv für eine kooperative Verbund-Promotion.

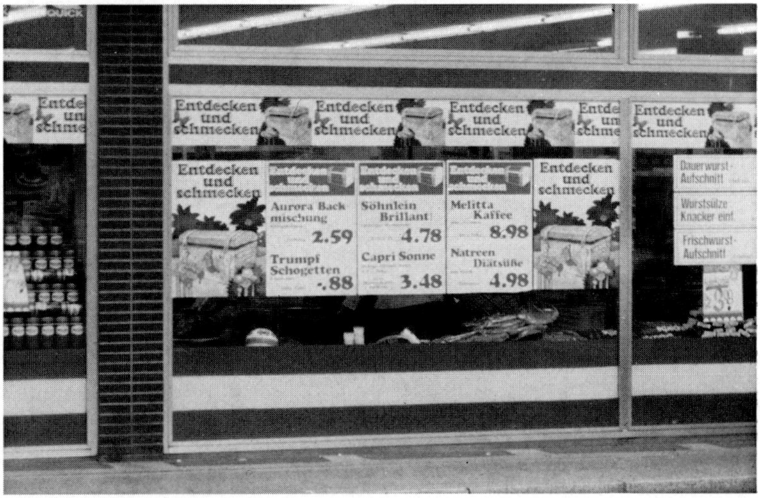

»Condor City Bummel«: In Abstimmung mit Lebensmittel-Filialbetrieben bietet Marktimpuls zwischen Butter und Fleisch einen Jetflug für 69,— DM nach Paris, Rom oder London. Eine Promotion, bei der eine Spezialagentur die gesamte Organisation als Dienstleistung übernimmt.

den öffentlich-rechtlichen Medien mittlerweile eine ähnliche Verbundform für Werbemaßnahmen ins Leben gerufen (analog zur TV-Werbung der Handelshäuser) — z. B. »Kennen Sie Werbung?«, »Das aktuelle Schaufenster« und Prof. Habers naturwissenschaftlich-technisch ausgerichtete »Test«-Sendung —, doch die mediale Begleitmusik bleibt insbesondere in den Funkmedien, für meist lokal oder regional gefahrene Aktionen eher teurer Luxus, wenn schon nicht schöne Theorie. Nur ganz wenige Großanbieter, die genügend Werbezeiten buchen konnten, dür-

fen hin und wieder das teure Medium Fernsehen für Promotions-Zwecke einblenden. Allenfalls die Hörfunkwerbung erlaubt noch eine lautere, exklusive Trommelei (neben Plakat und Anzeige).

Immerhin — auch die Kreativität hat sich des Problems angenommen und bietet seit kurzem eine neue Variante der »konzertierten Medien-Verbundaktion«: Die Serie im ZDF-Werbefernsehen »Meine Familie und ich«, in der eine fünfköpfige Familie sieben Markenartikel in spielerischer Handlung vorführt.

Regie führt die Agentur Marktimpuls,

»Condor City Bummel«: Das Angebot, für nur 69 DM nach Paris oder London oder Rom zu fliegen, ist wirklich attraktiv, da es aus der Reihe der gewohnten Sonderangebote des Lebensmittelhandels fällt.

Frankfurt, die sich auf multimediale Promotions spezialisiert hat. Bei »Meine Familie und ich« laufen neben einem Preisausschreiben in der über den Lebensmittelhandel verkauften Zeitschrift »meine Familie & ich« (Burda-Verlag) Anzeigen in der auflagenstärksten Fachzeitschrift »Rundschau für den deutschen Einzelhändler«. Die Filmhandlung wird in der Zeitschrift »meine Familie & ich« noch einmal wiederholt. Nach den ersten Testbefragungen läßt die Resonanz auf eine neue Promotion-Möglichkeit mit Zukunft hoffen. Derartige »Omnibusse« ermög-

lichen schließlich auch jenen Markenartiklern einen Zugang zum meist rasch ausverkauften TV-Werbemedium, die nicht so üppige Portefeuilles besitzen oder beim Media-Einkauf zu spät kamen.
Der konzertierte (neutrale) Medienverbund im Rahmen der Verkaufsförderung wurde 1973 durch Burdas MMP — Multi Media Promotion — zu einem Begriff. Hierbei übernahm zum erstenmal ein Medienunternehmen — ein Großverlag — die Aufgabe, als Koordinator (und Initiator) kooperativer Promotion-Maßnahmen zu fungieren. Das besondere Kennzeichen:

die integrierte Werbe- und Verkaufsförderungsaktion mehrerer Anbieter und Verkäufer.

Publik wurde die Idee im Frühjahr 1972. »Wenn ein großer Verlag bisher Promotions-Aktionen angeboten hat« — so seinerzeit die Initiatoren —, »dann handelte es sich in der Regel nur um Verbundwerbung. Verschiedene Produkte wurden oft krampfhaft unter einem Thema zusammengefaßt« (88).

Burda wollte statt dessen Verkaufsförderung anbieten, die sich »möglichst über alle Absatzbereiche« erstreckt. Begründung: »Auch ein Verlag produziert Produkte, die sich auf dem Markt durchsetzen und behaupten müssen. Der Vertrieb begnügt sich dabei ebensowenig mit Einzelmaßnahmen, sondern führt umfassende Aktionen durch. Warum also sollte die Anzeigenabteilung über den Verkauf von Anzeigenraum hinaus nicht auch solche kompletten Verkaufsförderungsaktionen planen und durchzuführen?« (89). Ziel der damals noch nicht ganz ausgefeilten Idee:

1. Herausstellen der Produkte in allen Bereichen der Verkaufsförderung,
2. Vermittlung eines produktgerechten Lernprozesses,
3. Aktivierung der Verbraucher,
4. Steigerung des Abverkaufs im Handel durch Impulskäufe (90).

Allerdings wurden zwischen dem ersten Versuchsballon und dem ersten Test (im Frühjahr 1973) in Baden-Württemberg erhebliche Abstriche an der ursprünglichen Globalidee vorgenommen: Statt des euphorisch verkündeten vierwöchigen Aktionszeitraums blieben nur noch 14tägige Aktionen übrig, statt nationalem Einsatz lediglich Aktionen nach Nielsen-Gebieten; die TV-Spots (geplant waren 1972 vier TV-Einschaltungen in Farbe von je 60 Sekunden) entfielen. Außerdem Wegfall der Funkspots und eigener Anzeigen in Tageszeitungen (ursprünglich war von zwei halben Seiten in 14 regionalen Tageszeitungen die Rede gewesen).

Die ersten Blütenträume welkten an der rauhen Handelswirklichkeit:

In der Planungsphase waren nicht nur Filialisten und Supermärkte im Visier. Der Kaufhof — so schien es — zeigte offenbar Kooperationsbereitschaft. Außerdem standen illustre Namen wie Pfannkuch, Meyer Berlin, Otto Messe, Tengelmann Bayern, Latsch, Stüssgen, Rheika, Nanz und Schürmann mit insgesamt 900 Filialbetrieben auf der Wunschliste.

Die Grundbelegung sollte 245 000 DM (plus Mehrwertsteuer) kosten, beim Test in Baden-Württemberg und Bayern waren es dann nur noch 163 500 DM, in Nordrhein-Westfalen sogar nur 113 000 DM. Alles in allem aber doch noch ein respektabler Preis.

Sowohl bei der MMP Nr. 1 in Baden-Württemberg wie bei der MMP Nr. 2 in Bayern beteiligten sich jeweils rund 400 Märkte (MMP Nr. 1: Goedeke, Gottlieb,

Lichdi, Nanz und Pfannkuch; MMP Nr. 2: BMA, Feneberg, Gubi, Kupsch, Tengelmann). Beim Durchgang in Nielsen II (MMP Nr. 3) beteiligten sich 556 Märkte (Nordrhein-Westfalen), beim zweiten in Bayern und Baden-Württemberg 859 Märkte.
Unter den Auftraggebern waren Markenartikel wie Adler-Käsewerke, Bärenmarke, Batscheider, J. J. Darboven, Walter Rau, Drugofa (Natreen), Schwartau, Gold Teefix und Gervais Danone. Später auch Pfanni (funny), Dujardin, Kupferberg, Philip Morris, Martini, Storck, Sangrita und Sechsämtertropfen.

»Aktions-Journal« als Zugpferd

Zu den werblichen Maßnahmen im Rahmen der MMP zählte an erster Stelle: das »Aktions-Journal«, das mit einer Auflage von rund 1 Million Exemplare in der Burda-Kombination, in »Burda-Moden«, in »Freizeit- und Rätsel-Revue« sowie in der »Freundin« beigelegt war (MMP Nr. 1), mit 400 000 Exemplaren im Einzugsbereich der Märkte in die Briefkästen gesteckt sowie in abermals 400 000 Exemplaren für die Laufkundschaft an den Kassen bereitgelegt wurde.
Der Handel war aufgefordert, in seiner wöchentlichen Angebotswerbung auf die Aktion hinzuweisen. Sogenannte TV-Busse und Hostessen besuchten die größten Märkte, um Werbespots und Trickfilme vorzuführen sowie Direktverlosungen (z. B. mit Einkaufsnetzen der beworbenen Produkte) vorzunehmen. Zusätzlich gab es Displaymaterial mit der Möglichkeit ergänzender Maßnahmen durch den Handel.
Im Test wurde allerdings das Merchandising den Filialisten überlassen — eine Regelung mit offenbar unbefriedigenden Erfahrungen. Später setzte Burda eine zusätzliche Merchandising-Gruppe ein. Kontrollierende Funktion sollte zunächst ein Preisausschreiben wahrnehmen, das unter den Filialleitern durchgeführt wurde.
Die Reaktionen im Handel auf MMP waren unterschiedlich, aber durchweg freundlich. Der Verbundgedanke (und die Aussicht, daß eine eher neutrale Institution quasi als Mittler in der Verkaufsförderung auftritt) fand ungeteilte Zustimmung. Schwachstellen waren die teilweise zu kurzfristigen Planungen; ebenso wurde über mangelnde Kommunikation und Abstimmung untereinander geklagt.

Burda gab MMP ab

Der Respekt, den sich Burda mit der Verbund-Promotion einhandelte, konnte jedoch auf lange Sicht nicht ausreichen. Der Großverlag in Offenburg hatte das MMP-Programm ursprünglich als Bereicherung des Anzeigenservice gesehen. Doch dafür wurde der Aufwand zu groß. Man erkannte rechtzeitig, daß für eine konsequente Fortführung ein Spezialunternehmen benötigt wurde, das sich mit den tausenderlei Details auskannte und auseinandersetzte. Die bewährte Zusammenarbeit mit Wilkens, Frankfurt, ließ schließlich den Entschluß reifen, die Multi Media Promotion abzugeben: Die Wilkens-Tochter Marktimpuls übernahm zum 1. Januar 1977 die MMP, zumal — so die Agentur — die ursprüngliche Idee des Unterfangens bei Wilkens geboren und Burda angeboten worden war.

Heute ist MMP nicht mehr allein auf Burda-Objekte fixiert. Auch andere Medien (wie z. B. aus dem Bauer-Verlag) ermöglichen mehr Flexibilität.

Die Vorteile von MMP skizziert Marktimpuls heute so:

»MMP bahnt den Weg zum Zentraleinkäufer bedeutender Filialisten. Die Aktion ist vorab gebucht. Der Außendienst verhandelt nicht mehr über das Ob, sondern nur noch über die Mengen.«

Nach wie vor ist das Aktions-Journal (12 Seiten stark) »zentrales Werbemittel jeder MMP-Aktion«

— als Beihefter in Publikumszeitschriften,

— zur Haushaltsverteilung im Einzugsbereich der Supermärkte,

— zur Auslage an den Kassen für die Laufkundschaft.

Verbraucher soll sich mit den Produkten beschäftigen

Ähnlich wie bei den »Reval«- und »Camel Filter«-Beispielen ist das *Motiv der Promotion* die *Beschäftigung der Verbraucher mit den vorgestellten Produkten*. Die im Aktions-Journal von MMP geschalteten Anzeigen enthalten Produktabbildungen, »die vom Verbraucher ausgeschnitten und auf den Teilnahmeschein geklebt werden müssen«. Ergebnis: Rücklaufquoten von mittlerweile 6 bis 8 Prozent.

Die Rückseite der Aktions-Journale steht — ähnlich wie bei den Kundenzeitschriften — den Handelspartnern zur Angebots- oder Imagewerbung zur Verfügung. Gleichfalls sollen Aktionsmotto und Signet in der Wochenwerbung (Tageszeitung) erscheinen.

In Nordrhein-Westfalen werden Aktionen zudem durch »Promotion-Life-Durchsagen« über Radio Luxemburg verstärkt. In den hundert größten Märkten gibt es sogenannte Verlosungs-Center, in denen alle 20 Minuten Einkaufsnetze mit den Originalprodukten und Warenproben verlost werden. Dabei kommen im Schnitt 20 000 ausgefüllte Karten zusammen.

Rund 50 Prozent der beteiligten Supermärkte werden kontrolliert, Korrekturen notfalls über die Zentralen veranlaßt.

Insgesamt werden auch weiterhin sieben bis acht Produkte 14 Tage lang in die Aktion einbezogen.

Die Zahl der Teilnehmer hat sich beim Handel im Laufe der Jahre auf 29 erhöht. Ebenso liegen Marktforschungs-Untersuchungen vor (eine Marplan-Studie wurde noch zu Burdas Zeit in Auftrag gegeben). Danach kannten 43 Prozent der Hausfrauen im Aktionsbereich die Aktion, 33 Prozent hatten »Berührung mit dem Aktions-Journal«.

»Condor City Bummel«

Als zweites Absatzförderungssystem bietet Marktimpuls die »Condor City Bummel«-Aktion an. Der Erfolg dieser Maßnahme (Teilnehmer: Gaissmaier, Gubi, Compass) basiert vor allem auf dieser Statistik:

82 Prozent der bundesdeutschen Bevölkerung sind noch nie in ihrem Leben geflogen,

14 Prozent benutzen das Flugzeug ein- bis zweimal pro Jahr (Urlaub) und nur

4 Prozent fliegen regelmäßig (Geschäftsreisende).

Marktimpuls: »Deshalb beteiligen sich auch nur wirkliche Interessenten an der Aktion und nicht nur diejenigen, welche grundsätzlich jedes Preisausschreiben (Glücks- oder Leistungspreisausschreiben) mitmachen. Außerdem ist das Angebot, für nur 69 DM nach Paris oder Rom oder London zu fliegen, wirklich attraktiv, da es aus der Reihe der gewohnten Sonderangebote des Lebensmittelhandels fällt.«

Kernstück der Aktion ist ein vierfarbiger DIN-A-3-Handzettel, der auf der einen Seite das Reiseangebot mit Teilnahmecoupon enthält. Da der Condor-Jet Boeing 727 nur über 128 Plätze verfügt, müssen die Tickets verlost werden. Auf der Rückseite des Zettels werden verschiedene Markenartikel angeboten, die von den jeweiligen Handelspartnern zu akquirieren sind. Die Industrie zahlt für die Abbildung ihrer Produkte ein Honorar. Der Handel garantiert dafür noch zusätzlich Zweitplazierungen in den beteiligten Geschäften.

Gerade das jüngste Beispiel zeigt, wie flexibel die Organisation einer Promotion — von neutraler Seite vorbereitet — sein kann: Hier wird durch das Service-Unternehmen vor allem das Drumherum besorgt (was dem Hersteller und dem Handelshaus Unkosten erspart), die eigentlichen Verhandlungen zwischen den Marktpartnern Industrie (Lieferant) und Handel (Anbieter) werden jedoch nicht durch atypische Promotion-Regularien behindert.

So gesehen besteht durchaus eine realistische Chance für eine solche modifizierte Dienstleistung der Werbeagenturen: als Service- und Ideenlieferant und als neutraler Makler korporativer Promotion-Aktionen.

80 Prozent der Hausfrauen entscheiden sich erst im Geschäft für das, was sie kaufen möchten. Das Angebot eines SB-Marktes ist wie ein »Show-Programm«, das zudem informiert, unterhält und anregt.

Gut erreichbare Artikel verkaufen sich vergleichsweise am schnellsten. Käufer gehen meist sehr konzentriert vor und vermeiden nach Möglichkeit Kehrtwendungen bei der Laufrichtung.

Unten — in der Bückzone — sind gewöhnlich preisgünstige Artikel zu finden. Sie belohnen die erforderliche »Gymnastik« der Käufer.

»Ein Besuch in einem beliebigen Handelsbetrieb, der in Selbstbedienung anbietet, zeigt in der Regel erhebliche Schwächen in der Warenpräsentation — immer gemessen an den möglichen Zusatzumsätzen, die durch eine verbesserte Plazierung erzielt werden könnten, wie ungezählte Abverkaufsstudien immer wieder gezeigt haben. Dies ist um so erstaunlicher, als das Umfeld der Plazierungen, wie Einrichtungsgestaltung oder Dekoration, oft einen hervorragenden Eindruck erwecken.« Reinhard Engel

Gut plaziert, halb verkauft – Grundregeln der Warenpräsentation

Die Selbstbedienungsform verlangt vom Verkäufer und seiner Verkaufsgestaltung eine weitgehende Ausschöpfung aller Impulsmöglichkeiten, die auf einen Käufer beim durchschnittlichen 24-Minuten-Gang durch ein Geschäft »einwirken« können. Das heißt: Neben Displays oder herausgestellten Produkten vervollständigt die geschickte Anordnung der SB-Artikel in Regalen oder Gondeln, auf Wühltischen, auf Paletten oder in Drahtkörben den Marketingprozeß bis zum eigentlichen Kaufvorgang.

Warum aber überhaupt diese Lockrufstrategie, die von manchen Verbraucheradvokaten als Beweis für die Uralt-These herhalten muß, daß Werben bzw. Verkaufen doch etwas mit »Verführen« zu tun hat?

Wir wissen aus früheren Kapiteln, daß die Kommunikation über Produkte nicht unbedingt verbal abläuft, sondern Kaufsignale — wie Wegzeichen angeordnet oder genutzt — vom Käufer dankbar als gezielte (größtenteils optische) Ansprache genutzt werden.

Erinnern Sie sich noch? Nur drei von zehn Hausfrauen, die ein Geschäft betreten, kaufen nach einem »Spickzettel« — gewissermaßen nach einem Fahrplan. Die überwiegende Mehrheit der Hausfrauen — rund 80 Prozent — entscheidet sich erst im Laden für das, was sie kaufen möchte (91). Das ganze »Show-Programm« eines Selbstbedienungsmarktes wirkt

- informierend
- unterhaltend
- anregend

auf sie ein.

Käufer sind meist Rechtshänder. Sie begutachten ein Regal zunächst einmal von rechts nach links. Verkaufsförderungs-Experten teilen das Regal in unterschiedlich verkaufsaktive Bereiche: in Bück-, Griff-, Sicht- und Reckzone.

Deshalb ist es sinnvoll, in der Organisation der Selbstbedienung die wichtigsten Plazierungsregeln anzuwenden. Denn: »Wo das Auge keinen Halt findet, so kann grundsätzlich gesagt werden, da wandern auch die Füße vorbei« (92). Und: Was besser im Blickfeld liegt, was leichter mit der Hand zu erreichen ist, verkauft sich besser.

Immer an der Wand lang?

Konsequenterweise muß man dabei auf die Käufergewohnheiten eingehen, die sich seit Jahren immer wieder durch Verkaufsanalysen bestätigen.

- Dazu gehört zum Beispiel die Erkenntnis, daß Käufer — da meist Rechtshänder — im umgekehrten Uhrzeigersinn an den Regalen entlanggehen, also »rechtsherum«.
- Sie orientieren sich meist an den Außenwänden und sparen mit Vorliebe Ecken aus.

Eine weitere Rolle spielen dabei

- die Blick- und die Griffrichtung sowie
- die Geschwindigkeit, mit der Käufer durch das Geschäft gehen.
- Man hat festgestellt, daß die ersten Meter nach dem Eingang vom Käufer relativ rasch zurückgelegt werden. Dann erst stellt er sich von der »Straßengeschwindigkeit« auf die Gangart im Geschäft ein. Experten nennen daher diese ersten Meter oft auch »Stoppmeter«.
- Außerdem: Der Käufer blickt und greift vorwiegend nach rechts. Gewohnheiten, die für die Anordnung der jeweiligen Angebote und Produkte von grundlegender Bedeutung sind.

Logischerweise gibt es deshalb in jedem Geschäft, Markt oder Warenhaus gute, verkaufsaktive Plätze sowie weniger attraktive. Die Kunst der Plazierung besteht also darin, diesen natürlichen Gegebenheiten mit einer passenden Leitstrategie Rechnung zu tragen.

Gute und schlechte Plätze

Gute, also verkaufsaktive Plätze im Geschäft sind überall dort, wo der Käufer intensiver mit der Ware bzw. mit dem Angebot konfrontiert wird. Wer diese einfache Regel beherzigt, wird auch durch entsprechende Umgruppierung des Angebots lenkend auf den Kundenlauf Einfluß nehmen können.

Dennoch gelten als bevorzugte Plätze Präsentationsmöglichkeiten

— vor dem Geschäft (neben dem Eingang)
— am Ende des ersten Ladendrittels
— in den Randzonen (Wandbereich)
— inmitten der Gänge (für Stolperhürden)
— an Gondel- oder Regalköpfen
— an Säulen
— an hervorragenden Ecken
— vor Bedienungstheken
— an Auflaufflächen im hinteren Teil des Geschäfts

— im Kassenstauraum (am Kassen-Terminal für kleinere Mitnahme-Artikel)
— in der Nähe von Frische-Abteilungen
— an Gangkreuzungen.

Entsprechend gelten als schlechte Standplätze Präsentationen
— direkt hinter der Eingangstür (drei bis vier Meter)
— hinter Durchgängen
— in Mittelgängen
— in Winkeln und Ecken
— in abgelegenen Nischen
— im Packbereich nach der Kasse
— in Regalen, Gondeln und Wühltischen links vom Käuferstrom
— bei ständig wechselnden Stammplätzen.

Tiefer Blick ins Regal

Unabhängig von der Blickfanggestaltung müssen Merchandiser, die bei ihrer Angebotsgestaltung das Kundenverhalten berücksichtigen, auch an die »Spielregeln« der Regalgestaltung denken.

Schon beim Käuferstrom bestätigt sich: Kunden machen ungern Kehrtwendungen und gehen höchstens einmal zurück, wenn sie einen Artikel vergessen haben, den sie unbedingt brauchen. Normalerweise durchlaufen sie den Markt recht konzentriert (Berufstätige, die nach Arbeitsschluß noch rasch einkaufen müssen, Frauen, deren Kinder zu Hause warten, usw.). Man kann also nicht erwarten, daß der Käufer im Zickzack durch den Markt geht — es sei denn, er ist zum erstenmal da und will sich generell orientieren.

Bedarfsgruppen sind gebündelte Impulse

Es ist meist das allzu Menschliche, das manchen ausgeklügelten Merchandising-Trick ad absurdum führt: die Eitelkeit zum Beispiel. Sie verhindert etwa, daß viele Frauen, die schlecht sehen, beim Einkaufen eine Brille tragen — 40 Prozent! So viele halten sich an das Nahestehende (93). Diese Käufer werden also vornehmlich ihre Produkte in *Sichthöhe* — 1,50 m im Schnitt — kaufen. Schon die *Reckzone* (ab Sichthöhe aufwärts) wie auch die noch recht praktische *Griffhöhe* werden für diesen Kundenkreis problematisch. Produkte, die in Sichthöhe 100mal gekauft werden, wandern in Griffhöhe lediglich 70mal in den Einkaufskorb, in der *Bückzone* nur noch 30mal (94).

Erkenntnis: In Griff-, Sicht- und Reckzone sind insgesamt die bewährten Verkaufsplätze zu finden.

Eine weitere Grundregel besagt, daß die Anordnung im und ums Regal nach dem *Leitmotiv zusätzlicher Impulse* vorgenommen werden soll. Nach dem *Gesichtspunkt der Verbrauchsverwandtschaft* ergeben sich je nach Phantasie des Verkaufsorganisators passende Ergänzungsgruppen. Beispielsweise empfiehlt es sich, neben der Kaffee-, Tee- und Kakao-Abteilung die Brot- und Gebäck-Abteilung aufzuziehen und das Marmeladen- und Honig-Abteil zu stationieren. Zum Wein schmeckt Knabbergebäck, zu Nudeln passen Fertigsoßen und -gerichte (Spaghetti-Soße, Gulasch usw.). Und so, wie z. B. zum Hemden-Shop das notwendige Accessoire (Krawatten, Tücher usw.) gehört, gehört zur Fleischabteilung das Gemüsekonserven-Angebot.

Es ist keineswegs falsch, auch bei der Konzeption von Verkaufsförderungsaktionen Bedarfsbündel für bestimmte Konsumanlässe zusammenzustellen, die sich neben der Zusatzplazierung (vor dem Stammregal) als Zweitplazierung (leitmotivisch an anderer Stelle) empfehlen.

Merkpunkt:

- Bedarfsgruppen wirken als Umsatzbeschleuniger. Sie wecken zusätzliche Kaufwünsche, denn sie erscheinen als gebündelte Impulse.

Regalgewichtung

Der Warenträger — ob Gondel oder Regal, ob Palette oder Wühltisch — hat sich zum entscheidenden Verkaufsmittel des SB-Marktes entwickelt. Eine Vielzahl von Abverkaufsstudien kommt u. a. bei der Gewichtung der einzelnen Regalböden (Kontaktstrecke) zu gleichlautenden Erkenntnissen:

- Bei einem Regal mit fünf Regalböden erweist sich der mittlere Boden als besonders verkaufsintensiv: Die Ware spricht unvermittelt für sich und liegt im direkten Griffbereich. Der Regalboden darüber (= Sichtzone) sorgt ebenfalls für starken Abverkauf. Am schlechtesten schneiden die Regale in der Reck- und in der Bückzone ab. Sie sind am weitesten vom Blick- und Griffbereich entfernt.

Konsequenterweise gehören solche Artikel

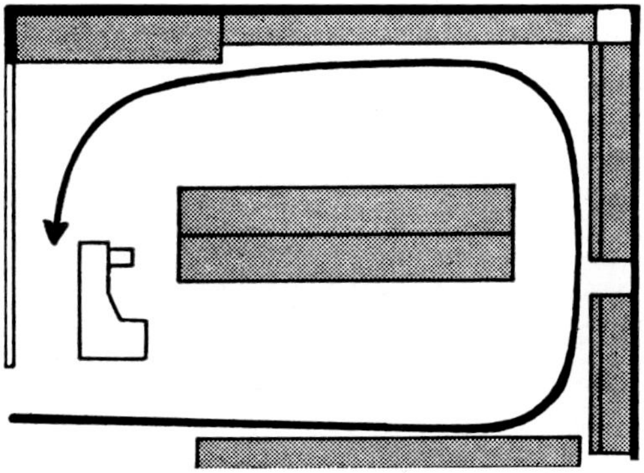

Die Laufrichtung orientiert sich mit Vorliebe an den Außenwänden (und ihren Regalen).

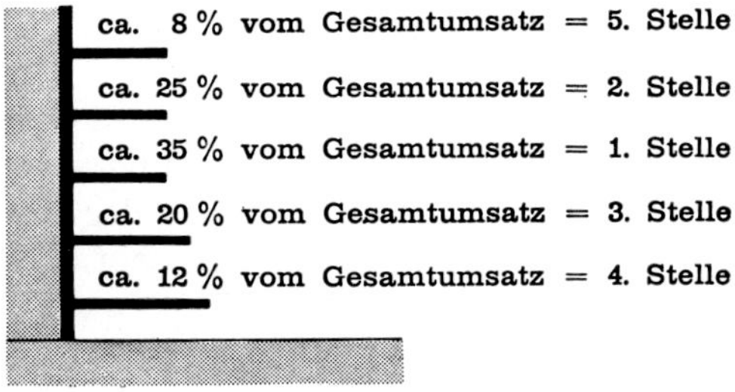

Auch die einzelnen Regalböden weisen im Verhältnis zum Gesamtumsatz des Regals unterschiedliche Wirksamkeit auf.

Verbundideen — wie hier bei Nudeln — aktivieren das Geschäft.

in die Bückzone, für die sich eine derartige Gymnastik lohnt — also: Sonderangebote, Groß- und Mehrgebinde zu einem günstigen Preis.

Reinhard Engel, der sich intensiv mit der Plazierung als dem »Stiefkind des Marketing« befaßte, konstatiert: »Wenn es hier am Verkaufspunkt nicht gelingt, den Abverkauf der Ware im Sinne der eigenen Umsatzziele zu steuern, bleiben alle anderen vorhergehenden Maßnahmen erfolglos; denn was nützen alle Werbeanstrengungen, wenn ein Kunde zwar in ein Geschäft geht, dort aber das beworbene Produkt auf Grund einer schlechten Plazierung nicht findet und ein Wettbewerbsprodukt kauft? Letztlich entscheidet sich der Erfolg der Unternehmung an den vielen tausend Verkaufspunkten durch gute oder schlechte Plazierung« (95).

Auf die Anordnung kommt es an

Die unterschiedliche Verkaufsintensität der einzelnen Regalböden spielt mit der richtigen Anordnung der jeweiligen Artikelgruppen zusammen.

Alle Regalplazierungen müssen nach dem *Informationsprinzip* aufgebaut und nach dem *Anregungsprinzip* innerhalb der Abteilung aufeinander abgestimmt sein oder durch *Zusatzplazierung* ergänzt werden (Bedarfsbündel = Impulssteigerung durch Aktualität). Dabei halten sich Verkaufsexperten an die bislang noch nicht erschütterte allgemeine Regel: Horizontale Anordnung geht vor vertikalem Aufbau (Einbahnweg des Käufers!).

Zum Reagieren muß dem Auge des Käufers am Regal einige Sekunden »Verweildauer« selbst beim Vorübergehen möglich sein. Dies gelingt durch horizontale Anordnung einer bestimmten Warengruppe, die damit die *Kontaktphase* beim Vorübergehen verlängert: Das Auge des Käufers »fährt« an den Produkten eines Sortiments entlang.

Auch die Gewöhnung des Auges an den Lese- und Schreibablauf von links nach rechts spielt im Unterbewußtsein eine Rolle. Einzelne Artikel fallen somit nur dann aus dem Rahmen, wenn die Kontaktstrecke durch ein besonderes Display oder

Auch am Stammplatz eines Produkts läßt sich durch Ideen Zusatzumsatz erzielen.

durch eine außergewöhnliche Häufung bzw. Verpackung unterbrochen wird.
Merkpunkt:

- Der richtige Regalplatz entscheidet über »Leben und Tod« eines (neuen) Artikels, einer Marke.

Doch nichts ist ideal, schon gar nicht der Zwang, so viele Artikel wie möglich auf ein stets zu knappes Raumangebot zu verteilen. Diese Pein veranlaßt viele Plazierungsexperten, doch in die Vertikale zu gehen, um beispielsweise eine Gondel oder ein Kühlregal optimal — von oben nach unten — blockweise zu bestücken. In diesem Fall wird versucht, dem Käufer soviel Übersicht wie möglich zu geben. Denn nicht das »vorbeifahrende«, sondern das »suchende« Auge des Käufers muß bei der vertikalen Anordnung unterstützt werden.

- *Bevorzugte Artikel* — die sogenannten Renner (und Renditebringer) — gehören auch hierbei in die Sicht- bzw. Griffzone, *Muß-Artikel* in die Bückzone, *Spezialitäten* in die Reckzone.

Doch selbst innerhalb der Plazierung gibt es Rangunterschiede für die einzelnen Produkte. Hier lautet die Regel:

- Große, mittlere und kleine Packungen und/oder
- teure, mittlere und preiswerte Artikel in Richtung des Käuferstroms anbieten.

Erkenntnis: Am Anfang eines jeden Regalbodens steht somit immer der teuerste

Besonders auffällige Regalplazierung lenkt vom üblichen Kaufverhalten ab.

Artikel eines Produkts in der größten Pakkungseinheit.
Warenfülle — so loben die Experten — ermuntert zum Kauf. Richtig. Dennoch wird bei der Verwirklichung dieses Elementarsatzes kräftig mit einer winzigen Kleinigkeit gesündigt:
Die einzelnen Regalböden werden vollgestopft, ohne daß das Auge einen Halt und vor allem die Hand eine Eingriffsmöglichkeit findet. Der Käufer schreckt zurück: »Hier wurde ja nichts gekauft! Warum wohl?« Seine Kaufneigung wird unnötig geschmälert. Daher unbedingt

- Grifflücken lassen, aber Versorgungslücken vermeiden!

Denn Versorgungslücken bedeuten umgekehrt versäumte Umsätze. Sie klaffen besonders häufig am Wochenende, weil das Personal mit dem Nachfüllen nicht mehr nachkommt. Versorgungslücken können sogar zum Abwandern markenbewußter Kunden führen, die einen bestimmten Artikel auf ihrer Wunschliste nicht abhaken können und deshalb ein anderes Geschäft aufsuchen; dort kaufen sie dann auch die restlichen Artikel. Dem nachlässigen Anbieter entgehen somit zusätzliche (eigentlich so gut wie sichere) Umsätze.

Typische Fehler bei der Plazierung

Doch nicht nur mit der Anordnung, auch mit dem sinnvollen Einsatz der Displays wird in der Praxis gerne geschlampt. Und das sind die Plazierungsmängel, die immer wieder auftauchen:
— Warengruppen werden an Stellen des Verkaufsraums präsentiert, die für ihren Verkaufserfolg ungünstig sind.
— Der Zugang zur Ware ist für den Kunden oft beschwerlich.
— Die Sicht- und Greifbarkeit der Ware wird durch zuviel Displaymaterial behindert.
— Umsatz- und gewinnstarke Artikel werden in den Warenträgern nicht durch entsprechende Plazierung forciert (z. B. in Augen- und Griffhöhe).
— Vorhandene Plazierungen werden zuwenig durch zusätzliches Displaymaterial unterstützt (Unterbrechung der Kontaktstrecke, Aktualisierung des Angebots).
— Die Warenpflege läßt zu wünschen übrig: Staub in den Regalen und auf den Produkten, Vorratslücken am Wochenende mindern Umsatz und Ertrag, Frische-Artikel werden nicht von hinten nach vorne nachgeschoben, wenig Ordnung im Regal, deutliche Mängel bei der Preisauszeichnung.
— Oft genug sind Produkte auf ein Regal »verstreut«, obwohl sie als warentechnologischer Block angeboten werden müßten (statt dessen werden sie der »Kompanie« einer Markenlinie zugeschanzt mit dem Erfolg, daß der Käufer sie nur noch schwer findet).

Masse zeigen

Wer ins Kaufparadies geht, sucht Auswahl, also Angebotsvielfalt. Um diesem Wunsch entgegenzukommen und den Kunden zu Spontankäufen zu bewegen, muß der Zugriff durch die Kommunikation eines besonderen Vorteils forciert werden:

- Je preiswerter dem Käufer ein Produkt erscheint, desto schneller wird er zugreifen. Daher:
- Preisgünstige Artikel vorwiegend schütten, um den Eindruck der großzügigen Preiswürdigkeit zu verstärken.
- Schüttartikel finden ihren Platz in der Bückzone oder als Sonderplazierungen (mit Drahtkörben oder Wühltischen).

Weitere Tips

- Produkte immer mit dem Etikett nach vorn (soviel Information wie möglich!); das erleichtert dem Käufer die Orientierung.

Stolperplazierungen in breiten Gängen lockern nicht nur die Präsentation auf, sie fallen bei geschickter Anordnung jedem Käufer auf. Auf diese Weise ist auch eine Steuerung der Kaufgeschwindigkeit möglich.

- Auf die Beschriftung achten: Artikel müssen so plaziert werden, daß sich der Kunde beim Lesen nicht den Hals verrenkt.
- Sonderangebote — etwa in den Gängen — dürfen nicht verkaufshemmend wirken. Sie dürfen reguläre Ware nicht »zustellen«.
- Impulsartikel für Verbundthemen auflisten.
- Mußartikel kennzeichnen und entsprechend plazieren (Bückzone).
- Magnetgruppen nach Merkmalen der Kontakthäufigkeit bilden. Durch Displays und Dekorationen herausstellen.
- Lieber breite statt schmale Gänge.
- Helle Ladenzonen werden vom Käufer lieber aufgesucht als dunkle. Diesen Umstand zur Lenkung des Kundenstroms nutzen.
- Verkaufsschwache Zonen durch Sonderangebote beleben.
- Stammplätze pflegen, nicht zu häufig wechseln (lediglich, wenn ein Wechsel der besseren Orientierung des Käufers dient).
- Langsamdreher mit guter Rendite neben Schnelldreher stellen. Sie kommen dadurch »auf Touren«.
- Verkaufsständer und -displays sinnvoll einsetzen. Sie vergrößern die Kontaktfläche und sorgen für Abwechslung (Unterhaltung nach dem Motto »Was gibt's Neues?«).
- Alte Verkaufshelfer und Displays restlos entfernen (sonst Gefahr für das fortschrittliche Image).
- Paletten-Displays eignen sich nur für eine Verkaufsfläche von 400 qm an aufwärts.

Zum Abschluß noch einmal die

10 Plazierungsgebote

1. Der Kunde kauft nur, was er sieht, und er sieht nur, was man ihm zeigt.
2. Was dem Auge näher und der Hand leichter zugänglich ist, verkauft sich besser.
3. Wand geht vor Ecke. (Kunden sind geh- und blickfaul, sie gehen nicht überall hin; Artikel in Ecken werden daher seltener gesehen. Der Raum unmittelbar hinter der Eingangstür ist für den Kunden ein »toter Raum«. Die Käufer beginnen erst nach drei bis vier Metern im Laden mit dem Einkauf.)
4. Rechts geht vor links. (Die meisten Käufer sind Rechtshänder und greifen die ausgewählte Ware mit der rechten Hand. Was links liegt, bleibt somit links liegen.)
5. Sichtzone geht vor Griff- und Bückzone. (Artikel der Konsumpreislage in die Sichtzone, hochpreisige Artikel in die Reckzone, billigere Artikel in die Griffzone.)
6. Horizontal geht vor vertikal. (Auslagen in breiter Front fallen besser auf. Vertikale Anordnungen erlauben jedoch bessere Übersicht. Aber an Blockbildung denken.)
7. Warenfülle reizt zum Kauf. (Ware in Schütten reizt mehr als Ware in Regalen. Im Warenberg sieht der Kunde ein preisgünstiges Angebot.)
8. Grifflücken verkaufen. Versorgungslük-

An den Gondelköpfen ist Platz für derartige Stapelplazierungen.

Dieser Aufbau ist in einem SB-Markt kaum zu übersehen. Hier wurde mit relativ einfachen Mitteln Aufmerksamkeit erzeugt. Die Massierung der Produkte hinterläßt Wirkung.

ken bringen Verluste. (Übrigens: Kein Käufer mag das letzte Stück im sonst leeren Regalboden.)

9. Auf die Umgebung achten. (Kaufmindernde Plazierung, wie zum Beispiel Brot neben Obst und Gemüse oder Waschmittel neben Kaffee und Tee, tunlichst meiden.)

10. Sinnvolle Zweitplazierung der gleichen Ware hilft den Absatz verdoppeln.

Bedarfsbündel bzw. Verbundplazierung regen zum zusätzlichen (Impuls-)Kauf an. Auch am Stammplatz (siehe Fissan).

»Es scheint manchmal so, daß vor allzu gründlicher Planung und Verhaltenssteuerung vergessen wurde, daß am Point of Purchase (P.O.P.) Menschen angesprochen werden, die Bedürfnisse haben, welche über die reinen Konsumbedürfnisse hinausgehen. Und gerade jenes Bedürfnis läßt weite Bevölkerungskreise zurück zum ›Tante-Emma-Laden‹ gehen. Dabei sollte das Ideal der Verkaufsförderung, das im Gespräch des Einzelhändlers mit dem Kunden liegt, der seine Kunden nicht nur als gewinnträchtige Objekte betrachtet, die Grundlage jeder Verkaufsförderungsplanung sein.«
Reinhold Krämer

Checkliste

Unser Wegweiser in die Hintergründe der Verkaufsförderung hat seine Aufgabe erfüllt. Das Ziel, eine grundlegende Übersicht über die Probleme und Praxis der optischen Verkaufskommunikation am Point of Sale zu gewinnen, ist erreicht.
Bevor nun wieder die eigene Praxis im Umgang mit gezielten Kaufsignalen beginnt, scheint eine kleine Revue der wichtigsten Erkenntnisse angebracht. Denn nur die Nachbearbeitung sichert den eigenen Erfolg. Also: Spitzen Sie den Bleistift, und checken Sie Ihr Gedächtnis. Unterstreichen Sie, was für Ihre spezielle Arbeit bedeutsam und was möglicherweise noch ausbaufähig ist.
Wir wollten mit »Kaufsignale — Die optische Sprache am Verkaufspunkt«

- ursächliche (d. h. wirtschaftliche wie geschichtliche) Zusammenhänge aufzeigen,
- ein wenig mehr Einblick in gezielte Kommunikationsabläufe der alltäglichen Verkaufspraxis
- und Tips zur eigenen Promotionplanung und -durchführung geben.

Erinnern wir uns *:

Mit Evas Apfel fing alles an . . .

---

1. Welches Urmotiv des Menschen sieht der »Vater der Motivforschung«, Dr. Ernest Dichter, im Kaufvorgang?

---

2. Welcher Vorgang bringt Angebot und Nachfrage in Einklang und löst damit den eigentlichen Verkaufsvorgang aus?

---

* Die Antworten auf die folgenden Fragen stehen am Schluß des Kapitels.

3. Welche Notwendigkeit begünstigt die optische Sprache im Verkauf?

4. Was bedeutet »C+C«?

5. Wieviel Prozent des Umsatzes im Lebensmitteleinzelhandel werden heute noch im Bedienungsverkauf erzielt? 23,5 Prozent, 14,8 Prozent oder 3,4 Prozent?

6. Wieviel Zeit nimmt sich die bundesdeutsche Hausfrau im Durchschnitt für den Einkauf?

7. Wieviel Prozent der Umsätze werden heute über »Aktionen« hereingeholt?

Die Anfänge — von der Vorgeschichte bis zur Neuzeit

8. Die Märkte des Altertums dienten nicht nur dem Tausch bzw. Kauf von Waren. Welche Funktion erfüllten sie noch?

9. Kennen Sie den ersten »Plakatanschlag«?

10. Wo finden Sie noch heute »mittelalterliche« Marktverhältnisse?

11. Wann, glauben Sie, gab es die ersten Handzettel? 1816, 1704 oder 1475?

12. Wann entwickelte sich die eigentliche Werbung für Waren und Produkte?

13. Welches Erzeugnis gilt als die »erste Ware modernen Stils«?

14. Wann gab es die ersten Handlungsreisenden, Agenten und Vertreter?

Entstehung und Eigenheiten der absatzfördernden Verpackung

15. Unter welchen Vorzeichen wurde der Markenartikel geboren?

16. Wieviel Prozent der hierzulande angebotenen Produkte werden für den Verkauf verpackt?
78 Prozent, 98 Prozent oder 63 Prozent?

17. Welches ist das älteste Gestaltungsmittel im kommunikativen Verkaufsprozeß?

18. Muß das Verkaufsgespräch mit der SB-gerechten Verpackung versiegen?

Die begleitende Produkt-Kommunikation und ihre visuelle Umsetzung

19. Ist eine kommunikative Betreuung im

Zeichen der Selbstbedienung nicht überflüssig geworden?

20. Kennen Sie die Leitlinie des Deutschen Supermarkts?

21. Was ist das »Lebenselixier« der Verkaufsförderung?

22. Welches menschliche Organ reagiert vor allem auf Kaufsignale?

23. Wieviel Hausfrauen benutzen einen Einkaufszettel?

24. Welche Rolle spielt die Optik einer Ladenfassade oder ein Schaufenster?

25. Welche vier »Checkpunkte« beeinflussen die Impulswirkung eines Sonderangebots?

26. Nennen Sie die vier Phasen eines Verkaufsgesprächs.

Signale, Farben und Ausstattung — psychologische Hintergründe, kommunikative Wirkungen

27. Warum ist beim Schlagwort von der »Verführung« im Zusammenhang mit Werbung und Verkauf Vorsicht geboten?

28. Kann Verkaufswerbung gewachsene Meinungsmuster über den Haufen werfen?

29. Wer sind die Gegner des Verkaufserfolgs?

30. Worauf zielen Kaufsignale in erster Linie?

31. Welche Funktion erfüllen Kaufsignale?

32. Wie lange sollte man Displays maximal einsetzen?

33. Von welchen Voraussetzungen hängt die Verkaufsleistung eines Diplays ab?

34. Nennen Sie die besten Standorte für Impulsartikel.

35. Welche Artikel werden in »toten Ecken«, in Mittelgängen und in der Nähe des Stammplatzes plaziert?

Moderne Verkaufsoptik: die Funktion von Fassade und Schaufenster

36. Warum ist beim Äußeren eines Geschäfts Sorgfalt geboten?

37. Welche Botschaft signalisiert eine Blockschrift . . .

38. . . . und eine geschwungene kursive Schrift an der Fassade?

39. Wieviel Zeit widmet ein Straßenpassant einem Schaufenster?

40. Welche Funktion geben Sie dem Schaufenster?

41. Welche Ergänzungsfunktion erfüllt die Verkaufsförderung gegenüber der Werbung?

Wegweiser zum Kauf: Ladenplakat, Regal- und Sonderdisplays

42. Wer führt Regie bei der Verkaufsförderung? Der Handel oder die Markenartikelindustrie?

43. Welche Displays bevorzugt der Kaufmann?

44. Was meinen Sie: In wieviel von zehn Fällen wird Displaymaterial des Herstellers vom Einzelhändler eingesetzt?

45. Welches sind die Erzfehler der Verkaufsförderung?

46. Kennen Sie noch die Faustregel für Regalstopper?

Die stummen Verkäufer — Verkaufsförderung lebt von Sonderplazierungen

47. Welchen Charakter haben Sonderplazierungen?

48. Wieviel Prozent der Käufer informieren sich über Sonderangebote direkt im Geschäft?
41 Prozent, 74 Prozent oder 77 Prozent?

49. Welche Rolle spielen Zweitplazierungen?

50. Erinnern Sie sich noch an den Wunschkatalog des Handels zur Displaygestaltung?

Der sprachlose Verkauf — zum Beispiel Carrefour

51. Was ist anders an der Verkaufspräsentation von Carrefour?

52. Wie reagiert der Verbraucher auf Handelsmarken?

Verzahnung — Nachdenkliches über kooperative Verkaufsförderung

53. Was bedeutet heute die Einführung von Produkten für das Werbe- und VKF-Budget?

54. Wie viele von 100 Neuheiten, die im Laufe eines Jahres, z. B. bei Süßwaren, eingeführt werden, übernimmt der Handel?

55. Was schmälert die Wirkung von Displays?

Der konzertierte Verbund — Spielarten multimedialer Promotion

56. Wer rief wann den ersten konzertierten (neutralen) Medienverbund im Rahmen der Verkaufsförderung ins Leben?

57. Welche Aktionen haben Erfolg?

Gut plaziert, halb verkauft — Grundregeln der Warenpräsentation

58. Wo wandern die Füße der Kunden vorbei?

59. In welcher Richtung »durchkreuzen« Kunden ein Geschäft?

60. Was muß man vom Lauftempo des Kunden wissen?

61. In welche Richtung blickt und greift der Käufer mit Vorliebe?

62. Wo sind die bewährten Verkaufsplätze im Regal zu finden?

63. Welche Funktion erfüllen Bedarfsgruppen im Angebot?

64. Wie lautet die Faustregel der Regalplazierung?

65. Wie ordnen Sie Packungen und Preisgruppen im Regal?

66. Welche Plazierungsregel muß im Blick auf den Zugriff beachtet werden?

67. Welchen Effekt hat eine sinnvolle Zweitplazierung?

Es gibt keinen Führerschein für Verkaufsförderer

Mit dieser (bestandenen) »theoretischen Prüfung« können Sie sich eigentlich getrost ans Steuer Ihres Promotion-Vehikels setzen. Und wenn das Gefährt bis zum Ziel ohne anzuecken durchkommt, haben Sie — je nach Aufgabe — auch die praktische bestanden. Herzlichen Glückwunsch!

Leider gibt es keinen Führerschein für Verkaufsförderer oder Verkäufer. Dafür aber den eigenen inneren »Ausweis« über die gebotene Sorgfalt beim Umgang mit der durch Signale gesteuerten Verkaufskommunikation.

Und wenn Sie trotz aller (durch Erfahrung untermauerten) Theorie praktisch nicht weiterkommen: Scheuen Sie in diesem Fall nicht den Weg zu dem Partner, auf dessen Kooperationswilligkeit Ihr Erfolg gründet. Fragen hat noch nie geschadet (und Ihr Gegenüber an der Hauptkampflinie des Verkaufens ist sicher zur Zusammenarbeit

bereit). Was den Handel verärgert, sind kurzfristig angezettelte Promotionen, die eigene Marketingpläne über den Haufen werfen, ist ein falsch orientiertes Distributionsdenken, das mit aller Macht die ach so gute »Känguruh-Delikateß-Suppe« nicht nur verwöhnten Gaumen in Berlin, sondern auch dem letzten Gehöft im Bayerischen Wald andienen will.
Ihre Erfolgsformel lautet so urwüchsig schlicht, daß man sich fast geniert, sie zu wiederholen:

Der Handel will gefragt werden, wenn Sie etwas an seine Kunden verkaufen wollen.

Und nun zur Entspannung die Antworten auf die 67 Fragen zum Thema »Kaufsignale«:

---

1. *Die Chance, beim Kauf in paradiesischer Vielfalt wieder »schöpferisch zu sein«.*

---

2. *Die Kommunikation (der Austausch von Information und Meinung) über ein Produkt oder eine Dienstleistung.*

---

3. *Die zunehmende Rationalisierung beim Handel und der breitere Wissensstand beim Verbraucher.*

---

4. *»Cash and carry« — bar zahlen und die Ware gleich mitnehmen.*

---

5. *3,4 Prozent.*

---

6. *24 Minuten.*

---

7. *15 Prozent.*

---

8. *Sie waren gleichzeitig Nachrichtenbörsen und Kommunikationsforen. Marktplätze waren »Quatschplätze«.*

---

9. *Als gutem Lateiner sind Ihnen sicher die »acta diurna« ein Begriff!? — Mit Gips bestrichene Tafel, in der die öffentlichen Beschlüsse der Volksversammlung eingeritzt waren.*

---

10. *Auf den Wochenmärkten.*

---

11. *Schon 1475 — so weist Günter Kieslich nach — wurden beispielsweise junge Ehepaare mit Hilfe eines Beratungsblattes über die Utensilien eines Hausstandes informiert.*

---

12. *Mit dem Abbau der mittelalterlichen Zunft- und Gewerbeordnungen im ausgehenden 18. Jahrhundert.*

---

13. *Das Buch. Bedingt durch seine höhere Auflage (da das Druckverfahren rentabel sein mußte). Die Kundenproduktion des*

handwerklichen Wirtschaftssystems ist damit überholt. Neue Absatzmethoden werden erforderlich.

14. *Mit der Etablierung stationärer »Einzelhandlungen« in der zweiten Hälfte des 18. Jahrhunderts.*

15. *Die zunehmende Verstädterung der Menschen, die kaum mehr Platz zur Vorratshaltung in den Wohnungen ließ, zwang zu häufigeren Einkaufsintervallen. Die Ware wurde aus Gründen des rationelleren Absatzes in Verkaufseinheiten verpackt und mit einem Garantiesiegel des Herstellers versehen. Diese »Marke« diente der Wiedererkennung und schützte vor Nachahmung (später, bei verbesserten Wettbewerbsbedingungen). So entstand der Markenartikel, der gleichbleibende Qualität, Unverwechselbarkeit und Verfügbarkeit im Handel versprach (zu festen Preisen).*

16. *98 Prozent.*

17. *Das Etikett, das schon bald als Erkennungs- und Orientierungszeichen fungiert. Besonders Tabaketiketten sind ein frühes Zeugnis der grafischen Kunst der Produktbeschriftung (17. und 18. Jahrhundert).*

18. *Nein. Inhaltsbeschreibung, Deklarationsvorschriften, Nutzenversprechen und letztlich der Markencharakter prägen diese vorwiegend optische Kommunikation über ein Produkt.*

19. Mitnichten. Ohne kommunikative Betreuung der Produkte ist jedes Marketing sinnlos, da insbesondere vergleichbare (homogene) Erzeugnisse dann nur noch der (teuren) Zufallsdistribution unterliegen.

20. *»Zur richtigen Zeit die richtigen Waren in der richtigen Menge am richtigen Platz zum richtigen Preis mit dem richtigen, atmosphäregeladenen Showbusineß zu präsentieren.«*

21. *Die Verkaufsförderung lebt von optisch einprägsam gestalteten, auf den Verkaufserfolg abzielenden Werbemitteln.*

22. *Fast schon eine rhetorische Frage: das Auge. Kaufanreize werden zu 80 Prozent über das Auge ausgelöst.*

23. *Drei von zehn.*

24. *Beide weisen auf den Gesamtcharakter des internen Warenangebots hin.*

25. *a) Beschaffenheit des Artikels*
b) Art und Weise der Plazierung
c) Werbliche Ausstattung
d) Dauer der Präsentation

26. *a) Die Aufmerksamkeitsphase*
b) Die Angebotsphase
c) Die Überzeugungsphase
d) Die Bestärkungsphase

27. *Weil »Verführung« Unmündigkeit unterstellt, Unreife beim Käufer voraussetzt. Untersuchungen beweisen jedoch, daß für bestimmte Sachkenntnisse keine Reifegrade vonnöten sind und jeder Mensch Informationen auch über Produkte sammelt — und sei es mittels einer gefühlsreich aufgebauten Werbung.*

28. *Schlicht und einfach: nein. Es sei denn, beim Käufer besteht eine durch persönliche Unsicherheit bedingte, latente Bereitschaft, auf die Botschaft dieser Werbung einzugehen und an ein Nutzenversprechen (durch zusätzliche Vertrauenssignale) zu glauben.*

29. *Enttäuschungen und nicht erfüllte Erwartungen (=*Frustrationen).

30. *Auf latentes Kaufinteresse, das durch Werbung vorbereitet wurde.*

31. *Sie funken die Erinnerung an eine Werbebotschaft wach.*

32. *Nicht über eine Woche (bezogen auf Sonderplazierungen).*

33. *Von der Intensität des Kundenflusses und der Plazierung an frequentierten Plätzen im Geschäft.*

34. *Gondelköpfe, Außengänge und der Kassenvorplatz (-stauraum).*

35. *Gezielt gekaufte Artikel, also Produkte, die nach einem Einkaufszettel bzw. -plan erworben werden.*

36. *Weil ein Passant, also ein möglicher Käufer, Schlüsse auf den Charakter des Geschäfts, die Leistungsfähigkeit und das Angebot zieht.*

37. *Schwere, Würde, Ernst und Gediegenheit.*

38. *Bewegung, Eleganz und Zierlichkeit.*

39. *Sie werden es nicht glauben: sieben Sekunden im Durchschnitt.*

40. *Das Schaufenster soll Kaufbereitschaft wecken (und nicht abschrecken).*

41. *Verkaufsförderung muß helfen, die durch Werbung aufgebauten Erinnerungswerte in Aktivität (Kauf) umzusetzen.*

42. *Der Handel. Er bestimmt die »Richtlinien seiner Verkaufspolitik«. Sein Ge-*

schäft, sein Angebot und seine Preisleistung stehen für ihn im Vordergrund.

43. *Der Kaufmann schätzt, sucht und bevorzugt Displaymaterial, das ihm zusätzliche Angebotsmöglichkeiten bringt — ihm verkaufen hilft.*

44. *In zwei von zehn.*

45. *Überbevorratung, zu häufige Preisaktionen, zu großes und unzweckmäßiges Displaymaterial.*

46. *Je kleiner, desto besser, je auffälliger, desto lieber.*

47. *Sensationscharakter. Denken Sie einmal darüber nach, oder blättern Sie das entsprechende Kapitel auf.*

48. *77 Prozent.*

49. *Zweitplazierungen sind Zusatzangebote, mit denen impulsabhängige Mehrverkäufe angeregt werden sollen.*

50. *a) Das Display soll Ware zeigen,*
b) leichte Entnahme von Ware ermöglichen,
c) kleine Grundflächen beanspruchen,
d) ausreichende Sicherheit aufweisen,
e) attraktiv aussehen und
f) Blickfang sein.

51. *Die kommunikative Abstinenz am Point of Sale (karge Displays, keine »Markenwerbung« und so gut wie keine optische Hilfe am Regal — die Ware soll allein für sich werben).*

52. *Genauso kritisch wie bei Markenartikeln.*

53. *Eher eine Politik der kleinen Schritte (Flop-Risiko); auf jeden Fall ein Geduldspiel, bei dem individuelle wie konstante Marktbearbeitung und größere Sorgfalt am Point of Sale als Erfolgsfaktoren Bedeutung gewinnen.*

54. *Nur sieben (so Nielsen).*

55. *a) Die geringe Anzahl von Artikeln, die wöchentlich herausgestellt werden können (kaum mehr als 20).*
b) Vorratskäufe »regulärer« Verbraucher.
c) Abzug der Umsätze aus anderen Geschäften, wo das Display nicht aufgestellt war.

56. *Burda im Jahre 1973.*

57. *Solche, die den Verkaufspunkt integral miteinbeziehen.*

58. *An den Stellen, an denen das Auge keinen Halt findet.*

59. *Als vorwiegende Rechtshänder entgegen dem Uhrzeigersinn: also rechtsherum.*

60. *Erst einige Meter nach dem Eingang drosselt der Käufer seine »Straßengeschwindigkeit«.*

61. *Nach rechts.*

62. *In Griffhöhe, Augenhöhe und Reckzone.*

63. *Bedarfsgruppen wirken als Umsatzbeschleuniger, da sie zusätzliche Kaufwünsche wecken.*

64. *Horizontal geht vor vertikal.*

65. *Von links nach rechts. Groß, mittel und klein bzw. teuer, mittelpreisig und preiswert.*

66. *Grifflücken lassen, aber Versorgungslücken vermeiden.*

67. *Die sinnvolle Zweitplazierung gleicher Ware hilft den Absatz verdoppeln.*

Quellen

(1) Ernest Dichter: Strategie im Reich der Wünsche. Deutscher Taschenbuchverlag, München 1964, Seite 182
(2) Mark Twain: Tot oder lebendig. S. Fischer, Frankfurt und Hamburg 1962, Seite 32 ff.
(3) H.-V. Schultz-Klingauf: Selbstbedienung — Der neue Weg zum Kunden. Econ, Düsseldorf 1960, Seite 15
(4) Wilhelm Treue: Kulturgeschichte des Alltags. S. Fischer, Frankfurt und Hamburg 1961, Seite 11
(5) Treue, a. a. O., Seite 13
(6) Treue, a. a. O., Seite 26
(7) Otto Groth: Die Geschichte der deutschen Zeitungswissenschaft. München 1948, Seite 35
(8) Dr. Günter Kieslich: Werbung in alter Zeit. Stamm, Essen 1960, Seite 4
(9) Kieslich, a. a. O., Tafel 1
(10) Kieslich, a. a. O., Tafel 12
(11) Kieslich, a. a. O., Tafel 17
(12) Kieslich, a. a. .O., Tafel 20
(13) Kieslich, a. a. .O., Tafel 20
(14) Karl Bücher: Die Reklame, in: Gesammelte Aufsätze zur Zeitungskunde. Tübingen 1926, Seite 245
(15) Bücher, a. a. O., Seite 247
(16) Bücher, a. a. O., Seite 247
(17) Jochen Wachtel: Vom Ballenbinder zur Selbstbedienung. Walsrode und Gütersloh 1965, Seite 20
(18) Jochen Wachtel, a. a. O., Seite 25
(19) Karl Bücher, a. a. O., Seite 248
(20) Karl Bücher, a. a. O., Seite 248
(21) Hans Domizlaff: Die Gewinnung des öffentlichen Vertrauens. Dulk, Hamburg 1951, Seite 46
(22) Hans Domizlaff, a. a. O., Seite 47
(23) Jochen Wachtel, a. a. O., Seite 24
(24) Jochen Wachtel, a. a. O., Seite 33
(25) Jochen Wachtel, a. a. O., Seite 38
(26) Jochen Wachtel, a. a. O., Seite 48
(27) Jochen Wachtel, a. a. O., Seite 49
(28) Helmut Grünwald: Marketing 1. Lexika, Grafenau 1974, Seite 167
(29) Grünwald, a. a. O., Seite 166
(30) Hermann Sieberts, Friedrich Wagener: Industrie und Handel — Dienst am Verbraucher. RGH, Köln 1973, Seite 11
(31) Sieberts, Wagener, a. a. O., Seite 12
(32) Deutscher Supermarkt (Herausgeber): Werbung am Ort des Verkaufes. Erkrath 1971, Seite 5
(33) Ludwig Frhr. v. Holzschuher: Psychologische Grundlagen der Werbung. 2. neu überarbeitete und erweiterte Auflage. Girardet, Essen 1969, Seite 54
(34) v. Holzschuher, a. a. O., Seite 117
(35) v. Holzschuher, a. a. O., Seite 338
(36) Dr. Heinrich Frieling: Farbe hilft verkaufen. 2. Auflage. Musterschmidt, Göttingen, Berlin, Frankfurt 1957, Seite 120
(37) Frieling, a. a. O., Seite 122
(38) Frieling, a. a. O., Seite 123
(39) Siegfried Menninger: Leitfaden für aktive Ladengestaltung. BBE-Verlag, Köln o. J., Seite 66
(40) Lothar Heidepeter: Wegweiser für den Kunden. Die Beschilderung von Fassaden und Verkaufsräumen. Rationalisierungsgemeinschaft des Handels, Köln 1975, Seite 15
(41) Heidepeter, a. a. O., Seite 15
(42) Menninger, a. a. O., Seite 66
(43) Heidepeter, a. a. O., Seite 13
(44) Heidepeter, a. a. O., Seite 13
(45) Heidepeter, a. a. O., Seite 14
(46) Menninger, a. a. O., Seite 66
(47) Menninger, a. a. O., Seite 68
(48) Menninger, a. a. O., Seite 76
(49) Dr. Egon Huppert: Verkaufsförderung aus der Sicht des Handels. Nielsen Beobachter 1/76, Frankfurt, Seite 8
(50) Huppert, a. a. O., Seite 9
(51) Huppert, a. a. O., Seite 9
(52) Huppert, a. a. O., Seite 10
(53) Heidepeter, a. a. O., Seite 40
(54) Heidepeter, a. a. O., Seite 43
(55) Heidepeter, a. a. O., Seite 44
(56) Heidepeter, a. a. O., Seite 44
(57) Lebensmittel-Zeitung, 2. 8. 1974
(58) Lebensmittel-Zeitung, 4. 4. 1975, Seite VI
(59) Sieberts u. Wagener, a. a. O., Seite 83

(60) Sieberts u. Wagener, a. a. O., Seite 83
(61) Sieberts u. Wagener, a. a. O., Seite 83
(62) Sieberts u. Wagener, a. a. O., Seite 89
(63) Rewe-Echo 15/1976, Seite 19
(64) Lebensmittel-Zeitung, 4. 6. 1976, Seite II
(65) Lebensmittel-Zeitung, a. a. O., Seite VI
(66) Lebensmittel-Zeitung, a. a. O., Seite VI
(67) »food+nonfood« 12/76, »Die Freiheit, die Carrefour meint«, Seite 10.
(68) Rundschau für den deutschen Einzelhändler, »Carrefour-Besuch«, 4/77, Seite 22.
(69) Max Meier-Maletz: Verkaufsförderung und -training: Tendenz steigend. w & v-journal »Verkaufsförderung und Verkaufstraining«, München 1974, Seite 6
(70) Meier-Maletz, a. a. O., Seite 6
(71) Meier-Maletz, a. a. O., Seite 6
(72) Meier-Maletz, a. a. O., Seite 7
(73) Dr. Egon Huppert: Wieviel Neuheiten haben Chancen? Sonderdruck aus »food+nonfood«, Albrechtverlag, Gräfelfing o. J., Seite 6
(74) Huppert, a. a. O., Seite 6
(75) Huppert, a. a. O., Seite 8
(76) Huppert, a. a. O., Seite 8
(77) Sieberts u. Wagener, a. a. O., Seite 46
(78) Sieberts u. Wagener, a. a. O., Seite 46
(79) Sieberts u. Wagener, a. a. O., Seite 47
(80) James O. Peckham: Die dritte Speiche des Marketing-Rads: Handelspromotion. Nielsen-Beobachter 2/77, Frankfurt, Seite 4
(81) Peckham, a. a. O., Seite 4
(82) Peckham, a. a. O., Seite 4
(83) Peckham, a. a. O., Seite 5
(84) Peckham, a. a. O., Seite 6
(85) Peckham, a. a. O., Seite 9
(86) Peckham, a. a. O., Seite 14
(87) Peckham, a. a. O., Seite 14
(88) »Burda präsentiert Sales-Promotion« in »w & v« Nr. 11/72, 17. 3. 1972, Seite 8
(89) »w & v«, a. a. O., Seite 8
(90) »w & v«, a. a. O., Seite 8
(91) Albrecht W. Kaiser: Gut plaziert ist halb verkauft. »Brauwelt« 75, Nürnberg 1974, Seite 1611
(92) Kaiser, a.a.O., Seite 1611
(93) Kaiser, a.a.O., Seite 1611
(94) Kaiser, a.a.O., Seite 1611
(95) Reinhard Engel: Auf den Platz im Regal kommt es an. »Blick durch die Wirtschaft« 164/1977, Frankfurt, Seite 1

Weiteres Quellenmaterial

Kaffee-, Tee-, Kakao-Instant-Getränke. Eine programmierte Information der Nestlé Erzeugnisse GmbH, Frankfurt (in Zusammenarbeit mit der E. Albrecht Verlags-KG, Gräfelfing). Die auf Seite 192 abgebildete Grafik der programmierten Information stammt von Dieter und Marlene Wünsch.

Verkaufsfördernde Warenpräsentation im SB-Geschäft, Lektion 1, für Edeka-Mitarbeiter. Infor Creativ-Team für Informations-Optimierung, Köln

Verkaufsförderung im Lebensmitteleinzelhandel. Programmiertes Informationssystem (im Auftrag der Firma Doornkaat). IZOP-Institut zur Objektivierung von Lern- und Prüfungsverfahren GmbH, Aachen